CAPACIDADE COLABORATIVA

Princípio de Direito Tributário
para obrigações acessórias
e de terceiros

Conselho Editorial
André Luís Callegari
Carlos Alberto Molinaro
Daniel Francisco Mitidiero
Darci Guimarães Ribeiro
Draiton Gonzaga de Souza
Elaine Harzheim Macedo
Eugênio Facchini Neto
Giovani Agostini Saavedra
Ingo Wolfgang Sarlet
Jose Luis Bolzan de Morais
José Maria Rosa Tesheiner
Leandro Paulsen
Lenio Luiz Streck
Paulo Antônio Caliendo Velloso da Silveira
Rodrigo Wasem Galia

P236c   Paulsen, Leandro.
     Capacidade colaborativa: princípio de direito tributário para obrigações acessórias e de terceiros / Leandro Paulsen. – Porto Alegre: Livraria do Advogado Editora, 2014.
     102 p.; 21 cm.
     Inclui bibliografia.
     ISBN 978-85-7348-923-1

     1. Direito tributário. 2. Capacidade colaborativa. 3. Obrigações (Direito). I. Título.

CDU 34:336.2
CDD 343.04

     Índice para catálogo sistemático:
1. Direito tributário   34:336.2

(Bibliotecária responsável: Sabrina Leal Araujo – CRB 10/1507)

Leandro Paulsen

CAPACIDADE COLABORATIVA

Princípio de Direito Tributário
para obrigações acessórias
e de terceiros

Porto Alegre, 2014

© Leandro Paulsen, 2014

Capa, projeto gráfico e diagramação
Livraria do Advogado Editora

Imagem da capa
Fachada da Universidade de Salamanca/Espanha

Revisão
Rosane Marques Borba

Direitos desta edição reservados por
Livraria do Advogado Editora Ltda.
Rua Riachuelo, 1300
90010-273 Porto Alegre RS
Fone/fax: 0800-51-7522
editora@livrariadoadvogado.com.br
www.doadvogado.com.br

Impresso no Brasil / Printed in Brazil

Dedico este livro a todos os estudiosos do Direito Triburário

Nota do autor

Venho estudando o dever de colaboração com o fisco desde as minhas pesquisas de doutorado. Verifiquei, aos poucos, e fui desenvolvendo isso nos meus textos e na docência, bem como em eventos com os contribuintes e com as administrações tributárias, que o dever de colaboração é o fundamento das obrigações acessórias em geral, bem como de obrigações impostas a substitutos e a responsáveis tributários. Mas o dever de colaboração, para se concretizar em obrigações efetivas, pressupõe a capacidade de colaboração de cada pessoa.

A percepção de que a capacidade de colaboração constitui princípio de Direito Tributário – justificativa, critério e medida para obrigações não contributivas – auxilia na compreensão dos fundamentos das obrigações acessórias e de terceiros, bem como provê um critério rico e seguro para o seu controle.

Neste pequeno livro, proponho e justifico a capacidade de colaboração ou colaborativa como princípio tributário. Minha missão, aqui, é a de lançar uma semente. Tratando-se de ideia nova, é certo que seu desenvolvimento exigirá o trabalho de todos os tributaristas deste país, do setor público e do setor privado, de modo que possamos, juntos, construir uma visão mais consistente do Direito Tributário.

Espero que me honrem com a leitura deste singelo trabalho e, quem sabe, com o aprofundamento desse tema nos seus próprios textos.

Leandro Paulsen
contato@leandropaulsen.com

Sumário

Introdução...11

1. Do dever de colaboração...17
   1.1. Dos deveres fundamentais..17
   1.2. A tributação como instrumento da sociedade......................20
   1.3. A insuficiência do dever fundamental de pagar tributos para justificar as obrigações acessórias e de terceiros....................25
   1.4. O dever de colaboração como dever autônomo....................33

2. Da capacidade de colaboração...37
   2.1. O conceito de capacidade colaborativa................................37
   2.2. A possibilidade de colaborar..40
   2.3. Os limites da colaboração..45
   2.4. A capacidade colaborativa como princípio tributário e critério de validação das obrigações acessórias e de terceiros..............57

3. Das obrigações de colaboração..65
   3.1. A capacidade colaborativa nas obrigações acessórias............65
   3.2. A capacidade colaborativa dos substitutos tributários...........78
   3.3. A capacidade colaborativa dos responsáveis tributários.........84

Conclusão..91

Bibliografia..99

Introdução

A importância da ideia de colaboração, para o Direito, vem sendo percebida com maior intensidade nos últimos tempos. Nosso ordenamento ostenta inúmeros deveres de colaboração,[1] mas até hoje pouco se desenvolveu teórica e dogmaticamente a respeito.[2]

---

[1] Quebrando o protocolo, faço notas já ao texto da introdução deste trabalho, porquanto capazes de contextualizar a questão. Há pontos em que a Constituição traz a colaboração como mandamento constitucional, como se vê do seu art. 205, em que resta estampado que a educação é direito de todos e dever do Estado e da família e que será promovida e incentivada com a colaboração da sociedade. Diversos deveres de colaboração também constam expressamente da legislação ordinária. O art. 339 do Código de Processo Civil, por exemplo, estabelece que ninguém se exime do dever de colaborar com o Poder Judiciário para o descobrimento da verdade. Na mesma linha, dispõe o art. 645 da CLT, relativamente à colaboração com a Justiça do Trabalho. O art. 6º do Estatuto do Idoso, por sua vez, determina que todo cidadão tem o dever de comunicar à autoridade competente qualquer forma de violação aos direitos dos idosos que tenha testemunhado ou de que tome conhecimento. Já o Código Penal, em seu art. 135, pune quem deixar de prestar assistência à criança abandonada ou extraviada ou à pessoa inválida ou ferida, ao desamparo ou em grave e iminente perigo ou não pedir o socorro da autoridade pública, enquanto seu art. 320 pune a falta de colaboração do servidor público que deixe de reportar à autoridade competente infração cometida por outrem. São deveres, como se vê, impostos às pessoas em prol do bem comum.

[2] Quanto ao dever de colaboração no processo civil, referido em nota anterior, é apontado como "um dever natural de colaboração, a que todo cidadão ou entidade está obrigado, porque, em verdade, colaborar com a Justiça é prestar serviço ao interesse público; e, portanto, ajudar-se a si mesmo" (FADEL). Esse dever de colaborar é considerado um "selo da cidadania" (COMEL). Destaca-se que os deveres perante a justiça civil e do trabalho são deveres de cooperação para a "realização da Justiça" (MANDELLI e CHAVES). Buscando o fundamento da cooperação para extrair diversos efeitos jurídicos no âmbito do processo civil, destaca-se que "a sociedade contemporânea pode ser considerada ela mesma um empreendimento de cooperação entre os seus membros em vista da obtenção de proveito mútuo" (MITIDIERO). Já a apontada norma penal relativa à omissão de

No âmbito do Direito Tributário, os deveres de colaboração estão presentes em um número enorme e crescente de obrigações acessórias instituídas para que as pessoas facilitem informação ao fisco quanto às suas próprias operações e de terceiros, emitam documentos e mantenham registros. Também se revelam em obrigações instituídas para que participem da arrecadação, realizando apurações, retenções e repasses relativos a tributos devidos por outras pessoas com as quais estejam vinculadas ou realizem negócios. Essas obrigações estão no direito estrangeiro e no direito pátrio, porquanto são absolutamente inerentes à tributação, necessárias mesmo para que tenha efetividade.

Parece-nos, todavia, que sempre foram tratadas em um segundo plano, sem a necessária atenção. A preocupação com as obrigações de pagar tributo fez com que não tivéssemos o desenvolvimento de uma compreensão profunda das obrigações acessórias e de terceiros e que não vislumbrássemos instrumentos para o seu controle.

A imposição de obrigações acessórias em número exagerado, de difícil cumprimento e muito trabalhosas vem exigindo um enfrentamento mais consistente. Também merece análise a resistência indevida das pessoas à prestação de informações simples e fáceis de que disponham sobre terceiros. Diga-se, ainda, que não é raro a instituição de hipóteses de responsabilidade tributária que simplesmente estendem as garantias pessoais do crédito tributário a terceira pessoa sem que tenha essa a possibilidade de colaborar

---

socorro diz respeito à "solidariedade que deve existir entre os homens, no sentido da obrigação jurídica genérica a que estamos submetidos na convivência social" (DAMÁSIO). Mesmo quem diz que o objeto desse tipo penal é a proteção à vida e à saúde, reconhece que está presente a falta com "o dever de solidariedade" (NUCCI). Quanto à delação, também é considerada um "dever legal de delação" que bem se pode caracterizar como um "dever de cooperação" (ANDREATO).

efetivamente para que o inadimplemento pelo contribuinte não ocorra e, portanto, sem que possa evitar sua própria responsabilização que, assim, assume caráter objetivo e arbitrário.

Em face desses e de outros problemas, procuramos identificar o fundamento de tais obrigações e estabelecer um critério para verificar a razoabilidade e a proporcionalidade de tais medidas. Isso nos leva ao desenvolvimento da noção e do princípio de capacidade de colaboração, instrumento que nos parece muito consistente para a análise e para a crítica jurídica das obrigações acessórias em geral e das diversas obrigações tributárias impostas a terceiros.

Dividimos a abordagem da matéria em três partes, embora, via de regra, tenhamos o costume de elaborar nossos artigos sob a estrutura francesa.

A primeira parte é dedicada à investigação dos fundamentos dessas obrigações, ou seja, ao dever de colaboração. Procuramos demonstrar que esse dever não apenas existe como é inerente à tributação em um estado de direito democrático e social, em que a participação das pessoas é essencial para a construção de uma sociedade justa e solidária. Destaca-se, nesse capítulo, a afirmação da autonomia do dever de colaboração frente ao dever de pagar tributos. Complementam-se, é verdade, mas um não pode ser reduzido ao outro. Só o dever de colaboração é capaz de fundamentar muitas das obrigações acessórias e as obrigações impostas a terceiros enquanto substitutos ou responsáveis tributários.

Na segunda parte, não por acaso a parte central do trabalho, desenvolvemos o princípio da capacidade de colaboração com a pretensão de que possa efetivamente cumprir um papel estruturante no que diz respeito a todas as obrigações tributárias que desbordam do simples pagamento de tributos pelas pessoas enquanto contribuintes. Apontamos a capacidade de colaboração como ideia referencial das obrigações relacionadas à participação das pessoas em geral na viabilização, facilitação ou simplificação da fiscalização e da arrecadação tributárias. Todo o extenso rol de obrigações tributárias não contributivas – que aqui denominamos de obrigações de colaboração – encontram fundamento e medida e tem seu controle possibilitado mediante a aplicação do princípio da capacidade colaborativa, o que tentamos demonstrar.

A terceira parte visa a dar uma ideia mais concreta da aplicação prática do princípio da capacidade colaborativa. Nela, analisamos, à luz desse princípio, diversas obrigações acessórias impostas pela legislação tributária, verificando se os respectivos sujeitos passivos têm a capacidade de colaboração que é pressuposta para a sua validade e, portanto, se é válido e legítimo exigir o seu cumprimento. Abordamos, também, casos de substituição tributária, igualmente à luz da capacidade dos seus sujeitos passivos de cumprirem o que deles é exigido em favor da administração tributária. Também enfrentamos hipóteses de responsabilidade tributária, verificando se está presente a vinculação do terceiro obrigado ao contribuinte ou ao fato gerador, de modo que tenha efetivamente como colaborar com o fisco e que seja válido, então, atribuir ao descumprimento de tal dever a consequência de tornar o terceiro efetivamente responsável pelo pagamento de tributo devido originariamente por outrem.

Tratando-se de tema novo, é, sem dúvida, desafiador. Mas note-se que são novos apenas a compreensão e o instrumento propostos. As obrigações analisadas vêm assumindo, há muito tempo, significativo espaço e crescente importância a demandar enfrentamento mais consistente por parte de nós, tributaristas. Busquemos um passo nesse sentido.

1. Do dever de colaboração

1.1. Dos deveres fundamentais

No período do pós-guerra, os juristas concentraram-se na consolidação da teoria e da dogmática dos direitos fundamentais. As Constituições, desde então, passaram, cada vez em maior número, a estabelecer o rol desses direitos, sempre sujeitos a interpretação e aplicação abrangentes ou extensivas, buscando sua máxima efetividade. De outro lado, contudo, olvidaram-se de enunciar e de dar o devido destaque aos deveres fundamentais de cujo cumprimento depende a manutenção do estado e a própria promoção dos direitos assegurados.

Pode-se argumentar que o destaque exagerado ou a hipertrofia dos deveres fundamentais no ideário nazista e no mundo comunista teve consequências extremadas, que se deve evitar.[3] Buffon afirma: "Essas desastradas experiências históricas provavelmente podem explicar a negligência e o esquecimento dos deveres fundamentais, na medida em que deram ensejo a uma justificável desconfiança e receio quanto à amplitude dos poderes confe-

---

[3] CANOTILHO. José Joaquim Gomes. *Direito Constitucional e Teoria da Constituição*. 7ª ed. Coimbra: Almedina, 2006, p. 531.

ridos ao Estado, para exigir o cumprimento de tais deveres".[4]

Jorge Miranda também destaca: "O constitucionalismo moderno de matriz ocidental é a história da aquisição de direitos fundamentais. É a história da conquista de direitos – depois de séculos de absolutismo e, no século XX, em contraste com regimes políticos totalitários e autoritários de várias tendências".[5]

Já é hora, contudo, de reconhecer a imprescindibilidade de nos dedicarmos a construir uma teoria e a uma dogmática dos deveres fundamentais, de modo a podermos trabalhar a ideia de cidadania como uma via de mão dupla, que envolve direitos e obrigações.[6]

Não se trata de relegar os direitos a um segundo plano, de modo algum, mas de tratar o cidadão como ser adulto, responsável, em todos os sentidos, pelos rumos da sociedade. Faz-se necessário que esse ser humano digno, titular de liberdades, inserido social e culturalmente, cumpra deveres mínimos indispensáveis para que se possa continuar construindo uma sociedade livre, justa e solidária. Esses deveres dizem respeito à participação de cada qual para a manutenção do estado, para a formação da vontade política, etc.

É importante que possamos resgatar a ideia de dever fundamental, elaborar o rol desses deveres e

---

[4] BUFFON, Marciano. *Tributação e dignidade humana: entre os direitos e deveres fundamentais*. Porto Alegre: Ed. Livraria do Advogado, 2009, p. 83.

[5] MIRANDA, Jorge. *Manual de Direito Constitucional*. Tomo IV. 4ª ed. Coimbra: Coimbra Editora, 2008, p. 86.

[6] A própria Declaração dos Direitos do Homem e do Cidadão de 1789 enunciou alguns deveres fundamentais como o de pagar impostos, nos termos do seu art. 13º: Para a manutenção da força pública e para as despesas da administração é indispensável uma contribuição comum que deve ser repartida entre os cidadãos de acordo com as suas possibilidades", conforme se vê em: NABAIS, José Cabalta. *O Dever Fundamental de Pagar Impostos*. Coimbra: Almedida, 2004, p. 45, nota 76.

desdobrá-los, apontando seus diversos conteúdos normativos. Tal permitirá que tenhamos maior consciência dos deveres inerentes à vida em sociedade num Estado de Direito Democrático e Social destinado a assegurar o exercício dos direitos sociais e individuais, a liberdade, a segurança, o bem-estar, o desenvolvimento, a igualdade e a justiça.[7]

A noção de deveres fundamentais é tão indissociável da ideia de Estado e, em maior grau, da de Estado Social como são também indissociáveis as de liberdade e de responsabilidade, faces que são da mesma moeda.

Porém, embora o art. 5º da Constituição componha o capítulo Dos Direitos e Deveres Individuais e Coletivos, só elenca direitos nos seus setenta e oito incisos; dever, nenhum. A visão paternalista do Estado, como ente capaz de prover por si só direitos sociais a prestações, todavia, é insustentável. Desconhecer ou negar importância ao fato de que o Estado constitui simples instrumento da sociedade e que não atua senão nos limites da sua capacidade contributiva, é postura ingênua e irresponsável (irresponsabilidade política e fiscal). A possibilidade de o Estado garantir e promover direitos pressupõe que a sociedade lhe alcance os meios para tanto.

Afirma Dimoulis que "existem tantos deveres implícitos quantos direitos explicitamente declarados".[8] Mas a ideia de simetria entre direitos e deveres fundamentais, no sentido de que tenham correlação direta, é insuficiente para a identificação dos diversos deveres fundamentais. É preciso ter bem claro que não é

---

[7] É o que estampa o preâmbulo da Constituição da República Federativa do Brasil de 1988.
[8] DIMOULIS, Dimitri; MARTINS, Leonardo. *Teoria Geral dos Direitos Fundamentais*. 2ª ed. São Paulo: RT, 2009, p. 68.

apenas nos direitos que devemos buscar os deveres, mas no conjunto do sistema constitucional que organiza o modo como se estruturam e operam as instituições, que coloca os princípios a serem observados e os objetivos a serem perseguidos.

A Constituição brasileira, por exemplo, permite-nos visualizar o onipresente dever fundamental de cumprir a Constituição e as leis, assim como outros deveres fundamentais individuais e coletivos, do que são exemplo os de pagar tributos, de promover a função social da propriedade, de colaborar para a segurança pública, de promover a educação e de preservar o meio ambiente.

1.2. A tributação como instrumento da sociedade

A sociedade necessita angariar recursos para organizar-se e para agir no sentido do bem comum. Tanto a manutenção da máquina estatal como a promoção de direitos sociais e a implementação dos programas de governo dependem de largo financiamento.

Aliomar Baleeiro,[9] em sua obra *Uma introdução à ciência das finanças*, enumera as diversas fontes de financiamento dos Estados ao longo dos tempos: "Para auferir o dinheiro necessário à despesa pública, os governos, pelo tempo afora, socorrem-se de uns poucos meios universais: a) realizam extorsões sobre outros povos ou deles recebem doações voluntárias; b) recolhem as rendas produzidas pelos bens e

---

[9] BALEEIRO foi advogado, deputado federal e Ministro do Supremo Tribunal Federal brasileiro. Escreveu os mais importantes livros da literatura financeira e tributária, que são *Limitações constitucionais ao poder de tributar* (1951), *Uma introdução à ciência das finanças* (1955) e *Direito Tributário Brasileiro* (1970). O primeiro foi um dos primeiros livros em todo o mundo a dar absoluto destaque, em caráter monográfico e com exemplar sistematização, às garantias do contribuinte.

empresas do Estado; c) exigem coativamente tributos ou penalidades; d) tomam ou forçam empréstimos; e) fabricam dinheiro metálico ou de papel. Todos os processos de financiamento do Estado se enquadram nestes cinco meios conhecidos há séculos. Essas fontes de recursos oferecem méritos desiguais e assumem importância maior ou menor, conforme a época e as contingências".[10]

As receitas do Estado, cada vez mais, decorrem da tributação na medida em que diminuem as demais fontes.

Nos Estados de Direito Democrático, a atividade econômica é deixada predominantemente aos cidadãos.[11] Integra o rol dos seus direitos fundamentais o livre exercício de ofício ou profissão e do exercício da atividade econômica em geral, assegurada a livre iniciativa e a livre concorrência. São ressalvadas ao Estado apenas atividades econômicas de fundamental importância para a segurança nacional ou de relevante interesse coletivo,[12] nas quais sua atuação, sempre que possível, deverá restringir-se à regulação e à fiscalização.

De outro lado, os ingressos patrimoniais do Estado já não são muito relevantes. E, mesmo em países cujas receitas decorrentes da exploração de reservas

---

[10] BALEEIRO, Aliomar. *Uma introdução à ciência das finanças*. 14ª ed. rev. e atual. por Flávio Bauer Novelli. Rio de Janeiro: Forense, 1990, p. 115.

[11] É verdade que já não temos mais, tampouco, o Estado mínimo próprio do liberalismo oitocentista. Não obstante, no Estado democrático e social de hoje, o Estado atua em suas funções típicas e realiza preferencialmente a regulação dos setores estratégicos. A atuação direta nas atividades econômicas, em regime de monopólio ou mesmo em caráter subsidiário, é cada vez menor.

[12] Diz a Constituição da República Federativa do Brasil, em seu art. 170, que a ordem econômica é fundada na "livre iniciativa" e que tem como princípios, dentre outros, a "livre concorrência". Seu art. 173 estabelece, ainda, que "a exploração direta de atividade econômica pelo Estado só será permitida quando necessária aos imperativos da segurança nacional ou a relevante interesse coletivo".

de combustível fóssil ainda se apresentam elevadas, o futuro aponta para o exaurimento de tais recursos.

É a arrecadação tributária sobre as rendas, os gastos e o patrimônio privado que cumpre a função de principal fonte de financiamento do Estado atualmente. Isto explica dizer-se que o Estado já pode até mesmo ser qualificado como um Estado Fiscal,[13] assim compreendido "o estado cujas necessidades financeiras são essencialmente cobertas por impostos".[14]

Nos *Federalist Papers*, já fora advertido que não se poderia prescindir dos recursos de origem tributária, sempre necessários, e que era importante que a Constituição permitisse a arrecadação de recursos que não fossem maiores que a capacidade de pagamento das pessoas tampouco menores que o necessário para que o Estado pudesse cumprir suas finalidades.[15]

A pressão tributária aumenta também porque, atualmente, manifesta-se uma demanda intensa por direitos sociais – os direitos a prestações –, os quais exigem do Estado uma ação positiva que depende, invariavelmente, de recursos orçamentários. Também demandam muitos recursos os direitos de terceira geração, de caráter coletivo ou difuso, em relação aos quais a função do Estado é complexa, exigindo, por

---

[13] A elaboração do conceito de Estado Fiscal é atribuída a LORENZ VON STEIN, em seu *Lehrbuch der Finanzwissenschaft I*, 1885, e *II*, 1986.

[14] NABAIS, José Cabalta. *Op. cit.*, p. 191/192.

[15] Vale transcrever: "Money is, with propriety, considered as the vital principle or the body politic; as that which sustains its life and motion and enables it to perform its most essential functions. A complete power, therefore, to procure a regular and adequate supply of revenue, as far as the resources of the community will permit, may be regarded as an indispensable ingredient in every constitution. From a deficiency in this particular, one of two evils must ensue: either the people must be subjected do continual plunder, as a substitute for a more eligible mode of supplying the public wants, or the government must sink into a fatal atrophy, and, in a short course of time, perish." (MADISON, James; HAMILTON, Alexander; JAY, John. The Federalist Papers. USA: Publisehd by the Penguin Group, p. 212/213).

vezes, ações muito sofisticadas sob a perspectiva do conhecimento, da tecnologia e dos meios para promovê-los. Isso traz ainda mais necessidade de incrementar a arrecadação.[16]

Por certo que a essas pretensões políticas, constitucionalmente consagradas, corresponde um crescimento econômico consistente, que tem alcançado o mundo todo e cada um dos países. Basta ver a evolução da renda *per capta* nos últimos vinte anos no Brasil.

De qualquer modo, há uma tensão crescente entre as necessidades financeiras do Estado e os limites da capacidade econômica dos cidadãos para pagar tributos. A pretensão a uma vida melhor, por mais legítima que seja, não se sobrepõe à reserva do passível e à necessidade de se rejeitar qualquer tributação que venha a assumir efeito confiscatório. A tributação deve servir de instrumento à promoção de direitos, não se justificando que acabe por ofender o núcleo essencial da propriedade e da liberdade dos indivíduos.

Cabe à sociedade, através de seus representantes, definir qual é o tamanho do Estado e quais as prestações e os serviços que entende devam ser garantidos aos cidadãos tendo em consideração a sua capacidade contributiva e a o sacrifício a que estão dispostos em prol do financiamento das ações do poder público.

---

[16] Veja-se quadro comparativo das gerações de direitos fundamentais, bem como proposta de superação dessa classificação para que se evolua no sentido de uma compreensão unitária dos direitos fundamentais em: SCHÄFER, Jairo. *Classificação dos direitos fundamentais: do sistema geracional ao sistema unitário*. 2ª ed. Porto Alegre: Livraria do Advogado, 2013. Assim como INGO, entendemos que a classificação dos direitos fundamentais em gerações, embora imprecisa, tem importante função didática, sendo que "tal forma de apresentação da trajetória evolutiva dos direitos humanos e dos direitos fundamentais, coloca em saudável evidencia a sua dimensão histórica e relativa, de modo que tais direitos, na sua essência, assumem a condição de ausências 'produtos culturais'." p. 266. (SARLET, Ingo Wolfgang; MARINONI, Luiz Guilherme; MITIDIERO, Daniel. *Curso de Direito Constitucional*. 2ª ed. Rio de Janeiro: Revista dos Tribunais, 2013).

A tributação não mais se qualifica como uma relação de submissão. Como adverte Casado Ollero, "el anterior 'status' del 'contribuyente-súbdito' haya ido transformándose en el del 'ciudadano-contribuyente', frente al cual el ente impositor sigue conservando las facultades y poderes que el Ordenamiento Jurídico le reconoce para la actuación de sus intereses en el ejercício del poder de imposición, pero situado en una 'par conditio' con el contribuyente en cuanto a la forma y al procedimiento por medio del cual aquel poder se actúa".[17]

É cada vez mais claro que o Estado é um instrumento da sociedade e que aos cidadãos cabe definir o que querem do Estado e mantê-lo, forte no dever fundamental de pagar tributos. Legitimada a tributação pelos elevados fins que a justificam e sem prejuízo de que se reforce a confiança do contribuinte mediante intensa fiscalização quanto à adequada e comprometida aplicação dos recursos arrecadados, cabe-nos zelar para que os recursos sejam arrecadados em prol desses fins.

Entende-se o dever fundamental de pagar tributos como a outra face ou contrapartida do caráter democrático e social do Estado, mormente quando caracterizado como um estado fiscal ou tributário, em que a arrecadação tributária é sua fonte primordial de recursos.

O dever de contribuir não é simples consequência do que estabelece a lei, senão seu fundamento.[18]

---

[17] OLLERO, Gabriel Casado. La Colaboración con la Administración Tributaria. Notas para un Nuevo Modelo de Relaciones con el Fisco. *Hacienda Pública Española* n° 68/1981, p. 166.

[18] "La formulación constitucional del deber de contribuir cumple una triple función jurídico-política: a) de *legitimación del tributo*, cuyo fundamento o justificación descansa no ya en la simple fuerza o poder de supremacía del Estado (frente a la impotencia del súdito), sino en el deber de solidaridad de los ciudadanos

1.3. A insuficiência do dever fundamental de pagar tributos para justificar as obrigações acessórias e de terceiros

Contribuir para as despesas públicas constitui obrigação de tal modo necessária no âmbito de um Estado de Direito Democrático e Social, em que as receitas tributárias são a fonte primordial de custeio das atividades públicas, que se revela na Constituição enquanto dever fundamental de todos os integrantes da sociedade. Somos, efetivamente, responsáveis diretos por viabilizar a existência e o funcionamento das instituições públicas em consonância com os desígnios constitucionais.[19]

---

de contribuir al sostenimiento de los gastos públicos por su interes, en tanto miembros de la comunidad política, en la existência y mantenimiento del Estado. Como há escrito A. BERLIRI el deber del contribuyente de pagar los tributos no es la consecuencia, es una premisa, un *príus*; es el derecho, o mejor, el poder del Estado a exigirlos lo que es consecuencia, el reflejo, del deber de los ciudadanos de pagarlos. Y no a la inversa. El Estado no recauda los impuestos quia nominor leo, sino porque el ciudadano tiene el deber de conribuir a su mantenimiento. Fundamento *causal* del tributo, por tanto, y conexión del deber de contribuir con el gasto público y su ordenación, que se proclama en el art. 31.2 CE; b) de *límite y de garantía jurídica*, en cuanto la norma constitucional fija los límites del deber de contribuir, sin que el Estado pueda constreñir al particular a pagar más allá de tales límites o en razón o medida de criterios o cánones distintos de los fijados constitucionalmente (la capacidad económica). Y al propio tiempo, de garantía de los ciudadanos, pues aunque las normas constitucionales que imponen deberes cívicos más que garantizar la libertad y la propiedad individual las constriñen al afirmar un deber de los ciudadanos y el correlativo derecho – rectius poder - del Estado), sin embargo es también una norma de garantía en cuanto indirectamente limita el derecho de supremacia del Estado, que ha de configurar en cada caso, como elemento base de la imposición supuestos de hecho que sean reveladores de capacidad económica; c) de *orientación programática* de la actuación de los poderes públicos, primordialmente del legislativo, al cual se le encomienda la creación de un sistema tributário justo como cauce para la actuación del deber de contribuir proclamado constitucionalmente, y funcionalmente conexo, como hemos dicho, con el gasto público." (BEREIJO, Álvaro Rodríguez. "El deber de contribuir como deber constitucional. Su significado jurídico", *Civitas Revista Española de Drecho Financiero* nº 125/2005).

[19] "O dever de pagar impostos é um dever fundamental. O imposto não é meramente um sacrifício, mas sim, uma contribuição necessária para que o Estado possa cumprir suas tarefas no interesse do proveitoso convívio de todos os cidadãos.

O dever de contribuir não é simples consequência do que estabelece a lei ao instituir tributos, senão seu fundamento, conforme já advertia Berliri em sua obra *Principi di Diritto Tributário*.[20]

O Direito Tributário de um Estado de Direito não é Direito técnico de conteúdo qualquer, mas ramo jurídico orientado por valores. O Direito Tributário afeta não só a relação cidadão/Estado, mas também a relação dos cidadãos uns com os outros. É direito da coletividade." (TIPKE, Klaus; YAMASHITA, Douglas. *Justiça fiscal e Princípio da Capacidade Contributiva*. São Paulo: Malheiros, 2002, p. 13).
"Como dever fundamental, o imposto não pode ser encarado nem como um mero poder para o estado, nem como um mero sacrifício para os cidadãos, constituindo antes o contributo indispensável a uma vida em comunidade organizada em estado fiscal. Um tipo de estado que tem na subsidiariedade da sua própria acção (económico-social) e no primado da autorresponsabilidade dos cidadãos pelo seu sustento o seu verdadeiro suporte." (NABAIS, José Casalta. *O Dever Fundamental de Pagar Impostos*. Coimbra: Livraria Almedina, 1998, p. 679).

[20] "La formulación constitucional del deber de contribuir cumple una triple función jurídico-política: a) de *legitimación del tributo*, cuyo fundamento o justificación descansa no ya en la simple fuerza o poder de supremacía del Estado (frente a la impotencia del súdito), sino en el deber de solidaridad de los ciudadanos de contribuir al sostenimiento de los gastos públicos por su interes, en tanto miembros de la comunidad política, en la existência y mantenimiento del Estado. Como há escrito A. BERLIRI el deber del contribuyente de pagar los tributos no es la consecuencia, es una premisa, un *príus*; el derecho, o mejor, el poder del Estado a exigirlos lo que es consecuencia, el reflejo, del deber de los ciudadanos de pagarlos. Y no a la inversa. El Estado no recauda los impuestos quia nominor leo, sino porque el ciudadano tiene el deber de conribuir a su mantenimiento. Fundamento *causal* del tributo, por tanto, y conexión del deber de contribuir con el gasto público y su ordenación, que se proclama en el art. 31.2 CE; b) de *límite y de garantía jurídica*, en cuanto la norma constitucional fija los límites del deber de contribuir, sin que el Estado pueda constreñir al particular a pagar más allá de tales límites o en razón o medida de criterios o cánones distintos de los fijados constitucionalmente (la capacidad económica). Y al propio tiempo, de garantía de los ciudadanos, pues aunque las normas constitucionales que imponen deberes cívicos más que garantizar la libertad y la propiedad individual las constriñen al afirmar un deber de los ciudadanos y el correlativo derecho – rectius poder - del Estado), sin embargo es también una norma de garantía en cuanto indirectamente limita el derecho de supremacia del Estado, que ha de configurar en cada caso, como elemento base de la imposición supuestos de hecho que sean reveladores de capacidad económica; c) de *orientación programática* de la actuación de los poderes públicos, primordialmente del legislativo, al cual se le encomienda la creación de un sistema tributário justo como cauce para la actuación del deber de contribuir proclamado constitucionalmente, y funcionalmente conexo, como hemos dicho, con el gasto público." (BEREIJO, Álvaro Rodríguez. "El deber de contribuir como deber constitucional. Su significado jurídico", *Civitas Revista Española de Drecho Financiero* nº 125/2005). A própria Declaração dos Direitos do Homem e do Cidadão de 1789 já enunciara esse dever nos termos do seu

Vanoni afirmava que "La actividad financiera, lejos de ser una actividad que limita los derechos y la personalidad del particular, constituye su presupuesto necesario, puesto que sin tal actividad no existiría Estado y sin Estado no existiría derecho".[21] Ademais, recorda uma decisão do Tribunal de Turín em que foi dito: "las tasas libremente votadas y conformes a la necesidad del Estado representan el orden, la libertad, la justicia, la seguridad, la beneficencia, el ejército, la armada, la independencia, el honor de la patria".[22] Na mesma linha é a lição de Klaus Tipke e Douglas Yamashita: "O dever de pagar impostos é um dever fundamental. O imposto não é meramente um sacrifício, mas sim, uma contribuição necessária para que o Estado possa cumprir suas tarefas no interesse do proveitoso convívio de todos os cidadãos".[23] Também José Casalta Nabais é enfático: "Como dever fundamental, o imposto não pode ser encarado nem como um mero poder para o estado, nem como um mero sacrifício para os cidadãos, constituindo antes o contributo indispensável a uma vida em comunidade organizada em estado fiscal. Um tipo de estado que tem na subsidiariedade da sua própria acção (económico-social) e no primado da autorresponsabilidade dos cidadãos pelo seu sustento o seu verdadeiro suporte".[24]

A cidadania é, efetivamente, uma via de mão dupla. Entende-se o dever fundamental de pagar tri-

---

art. 13º: "Para a manutenção da força pública e para as despesas da administração é indispensável uma contribuição comum que deve ser repartida entre os cidadãos de acordo com as suas possibilidades".

[21] VANONI, E. *Natura ed Interpretazione delle leggi tributarie*. 1932. A citação é da edição espanhola de 1961 publicada pelo Instituto de Estudios Fiscales, Madrid, p. 183.

[22] VANONI, E. *Op. cit.*, p. 182/183.

[23] TIPKE, Klaus; YAMASHITA, Douglas. *Justiça fiscal e Princípio da Capacidade Contributiva*. São Paulo: Malheiros, 2002, p. 13.

[24] NABAIS, José Casalta. *Op. cit.*, p. 679.

butos como a outra face ou contrapartida do caráter democrático e social do Estado que assegura aos cidadãos os direitos fundamentais. Ainda que a promoção de direitos fundamentais também seja realizada diretamente pelas pessoas em geral, o Estado constitui o maior e indispensável instrumento para tanto. Assim é que podemos falar em dever fundamental de pagar tributos!

Alessandro Mendes Cardoso destaca que "o cumprimento desse dever está diretamente vinculado à possibilidade concreta de efetivação dos direitos fundamentais assegurados aos cidadãos brasileiros. Ao invés de uma dualidade direito x dever, tem-se na verdade uma interface, em que o dever de contribuir de cada um, corresponde a um direito dos demais. Trata-se de uma verdadeira responsabilidade social e não mais de simples dever em face do aparato estatal. Ao sonegar tributos devidos, o contribuinte não está apenas descumprindo uma exigência legal exigível pelas autoridades fazendárias, mas também, e principalmente, quebrando o seu vínculo de responsabilidade com a sociedade".[25]

Mas o exercício da tributação exige ainda mais. A tributação não prescinde da ampla colaboração dos cidadãos. As obrigações tributárias não se limitam à contribuição de cada um conforme a sua capacidade contributiva. Envolvem, também, a colaboração das pessoas em um sentido mais amplo de cooperação, ajuda, auxílio, requerendo que concorram para a efetividade da tributação. Faz-se necessário, enfim, que as pessoas coordenem esforços, participando conforme as suas possibilidades para que a tributação ocorra e cumpra sua finalidade.

---

[25] CARDOSO, Alessandro Mendes. *O dever fundamental de recolher tributos no Estado Democrático de Direito*. Porto Alegre: Livraria do Advogado, 2014, p. 147.

Essa colaboração abrange uma plêiade de obrigações que ensejam ao fisco ciência quanto à ocorrência dos fatos geradores para fins de fiscalização e lançamento dos tributos e que inclusive facilitam, asseguram e garantem sua arrecadação. As obrigações fundadas no dever de colaboração aparecem, normalmente, como prestações de fazer, suportar ou tolerar, classificadas como obrigações formais ou instrumentais e, no direito positivo brasileiro, impropriamente denominadas de obrigações acessórias.[26] Por vezes, aparecem em normas expressas, noutras de modo implícito ou *a contrario sensu*, mas dependem sempre de intermediação legislativa.

Ademais, alcança inclusive quem não é chamado a suportar o pagamento de tributos porque não revela capacidade contributiva e não pratica os fatos geradores ou porque é beneficiário de isenção ou de imunidade.[27] Os terceiros, ainda que não integrantes da

---

[26] Art. 113, § 2º, do CTN.

[27] Já afirmamos outrora: "Assim como o gozo de imunidade não dispensa do cumprimento de obrigações acessórias nem da sujeição à fiscalização tributária (art. 194, parágrafo único, do CTN), também não exime o ente imune de figurar como substituto tributário, com todas as obrigações daí decorrentes, inclusive respondendo com recursos próprios na hipótese de descumprimento do dever de retenção do tributo. Note-se que a retenção de tributos na fonte, na qualidade de responsável tributário, se efetuada adequadamente, nenhum ônus acarreta às entidades imunes, pois a operação se dá com dinheiro do contribuinte. A previsão constante deste § 1º, pois, justifica-se plenamente, constituindo válida regulação das imunidades enquanto limitações constitucionais ao poder de tributar." (PAULSEN. *Direito Tributário*: Constituição e Código Tributário à Luz da Doutrina e da Jurisprudência. 13ª ed. Porto Alegre: Livraria do Advogado, 2011, p. 664); "IMUNIDADE. ENTIDADE DE ASSISTÊNCIA SOCIAL E EDUCAÇÃO SEM FINS LUCRATIVOS. INAPLICABILIDADE ÀS HIPÓTESES DE RESPONSABILIDADE OU SUBSTITUIÇÃO TRIBUTÁRIA. IMPOSTO SOBRE OPERAÇÃO DE CIRCULAÇÃO DE MERCADORIAS – ICM/ICMS. LANÇAMENTO FUNDADO NA RESPONSABILIDADE DO SERVIÇO SOCIAL DA INDÚSTRIA – SESI PELO RECOLHIMENTO DE TRIBUTO INCIDENTE SOBRE A VENDA DE MERCADORIA ADQUIRIDA PELA ENTIDADE. PRODUTOR-VENDEDOR CONTRIBUINTE DO TRIBUTO. TRIBUTAÇÃO SUJEITA A DIFERIMENTO. Recurso extraordinário interposto de acórdão que considerou válida a responsabilização tributária do Serviço Social da Indústria – SESI pelo recolhimento de

relação tributária contributiva, também são chamados a adotar medidas importantes para que as diversas atividades relacionadas à tributação sejam mais simples e efetivas.

A colaboração com a tributação – até mesmo, a participação ativa dos cidadãos para melhorar seu "grado de eficacia y operatividad" e sua "funcionalidad" – justifica-se porque a tributação envolve não somente os interesses do erário como credor e do contribuinte onerado, senão também o "'interés jurídico de la colectividad' que, con base en la Constitución, se traduce en el interés de que todos contribuyan al sostenimiento de las cargas públicas conforme a su capacidad económica".[28] Ínsita à ideia de colaboração, está a solidariedade do grupo social.

Em um Estado que é instrumento da própria sociedade e que visa à garantia e à promoção de direitos fundamentais a todos, há um dever geral tanto de contribuir como de facilitar a fiscalização e a arrecadação e de atuar no sentido de minimizar o descumprimento das prestações tributárias próprias e alheias.[29]

ICMS devido em operação de circulação de mercadoria, sob o regime de diferimento. Alegada violação do art. 150, IV, c, da Constituição, que dispõe sobre a imunidade das entidades assistenciais sem fins lucrativos. A responsabilidade ou a substituição tributária não alteram as premissas centrais da tributação, cuja regra-matriz continua a incidir sobre a operação realizada pelo contribuinte. Portanto, a imunidade tributária não afeta, tão-somente por si, a relação de responsabilidade tributária ou de substituição e não exonera o responsável tributário ou o substituto. Recurso extraordinário conhecido, mas ao qual se nega provimento." (STF, 2ª T., RE 202987, JOAQUIM BARBOSA, jun/09).

[28] OLLERO, Gabriel Casado. *Op. cit.*, p. 151 y 157.

[29] Os Estados vêm assumindo, em todo o mundo, predominantemente a condição de Estados de Direito Democráticos e Sociais. Caracterizam-se como Estado de Direito porque todos, inclusive o próprio Estado, estão submetidos ao direito. Democráticos porque os legisladores e o governo são eleitos pelo povo e atuam em seu nome e em seu benefício. Sociais porque se exige do Estado que assegure direitos fundamentais inclusive de caráter social (os direitos a prestações). Em um Estado de Direito Democrático e Social são congregadas a liberdade, a participação e a solidariedade. O Estado proclama e garante não só direitos fundamentais de primeira geração (direitos de liberdade: civis e políticos) como

O dever fundamental de pagar tributos é insuficiente para explicar a imposição de obrigações a não contribuintes, donde advém a importância de se ter claro o dever de colaboração com a tributação, que é de todos, contribuintes ou não. O primeiro foca na capacidade contributiva das pessoas; o segundo, na sua capacidade de colaboração. Sob a perspectiva do dever fundamental de pagar tributos, relevantes são as manifestações de riqueza; sob a perspectiva do dever fundamental de colaboração com a tributação, a possibilidade de aportar informações ou de agir de outro modo para o seu bom funcionamento.

O dever de colaboração tem um fundamento constitucional próprio, tal como o dever fundamental de pagar tributos, baseados ambos no Estado de Direito Democrático e Social. Não apenas o dever de pagar tributos, mas também toda a ampla variedade de outras obrigações e deveres estabelecidos em favor da Administração Tributária para viabilizar e otimizar o exercício da tributação, encontram base e legitimação constitucional. O chamamento de todos, mesmo não contribuintes, ao cumprimento de obrigações com vista a viabilizar, a facilitar e a simplificar a tributação, dotando-lhe da praticabilidade necessária, encontra suporte no dever fundamental de colaboração com a Administração Tributária.

Todas as pessoas integrantes da sociedade têm o dever de contribuir e de colaborar para que tal atividade arrecadatória cumpra sua função. O grupo é o mais amplo possível, envolvendo todas as pessoas. Não se trata da solidariedade de um pequeno grupo, mas de um grande grupo abrangente de toda a sociedade, ou

---

promove e assegura direitos fundamentais de segunda geração (direitos a prestações: sociais e econômicos) e, inclusive, de terceira geração (direitos difusos como ao meio ambiente equilibrado e ao patrimônio cultural) e de quarta geração (informação, pluralismo).

seja, da solidariedade dos modernos.[30] E o fim comum é fazer com que sejam arrecadados os recursos necessários ao funcionamento do Estado com segurança, generalidade, isonomia e em conformidade com a capacidade contributiva de cada qual, de modo que se tenha uma tributação segura e justa.

Relativamente à solidariedade, cabe destacar, com Maria Celina Bodin de Moraes, que "Se a solidariedade objetiva decorre da necessidade imprescindível da coexistência, a solidariedade como valor deriva da consciência racional dos interesses em comum". A constituição, "ao estabelecer natureza jurídica ao dever de solidariedade", tornou-a passível de "exigibilidade". A lógica individualista ("cada um por si e Deus por todos'") foi "substituída pela perspectiva solidarista, em que a cooperação, a igualdade substancial e a justiça social se tornam valores precípuos do ordenamento".[31]

A colaboração de todos, implicando que os tributos instituídos sejam efetivamente fiscalizados e recolhidos, faz com que possamos ter não apenas a igualdade formal perante a lei, mas também a igualdade na aplicação da lei. Se o fim imediato é que os tributos devidos sejam fiscalizados e arrecadados, o fim mediato é que o Estado tenha meios para operar mediante uma tributação justa, em que todos paguem os tributos devidos e que, portanto, a carga tributária seja bem distribuída.

Com a colaboração de todos em prol da fiscalização e da arrecadação efetivas, afastando-se ou

---

[30] NABAIS, José Cabalta. Solidariedade Social, Cidadania e Direito Fiscal. In: GRECO, Marco Aurélio; GODOI, Marciano Seabra de (coords.). *Solidariedade Social e Tributação*. São Paulo: Dialética, 2005, p. 113.

[31] MORAES, Maria Celina Bodin de. O princípio da solidariedade. Rio de Janeiro: Instituto de Direito Civil, [2001?]. Artigo disponível em: <http://www.idcivil.com.br/pdf/biblioteca9.pdf>. Acesso em: 13 maio de 2014.

minorando-se o quanto possível a evasão fiscal, obtém-se maior justiça na tributação. E o resultado de uma tributação efetiva e isonômica atende tanto aos fins sociais como aos individuais, porquanto reduz-se a possibilidade de que alguns restem sobrecarregados em razão da sonegação de outros.

Participa, cada qual, não apenas pagando os tributos a que está obrigado, mas também auxiliando o bom funcionamento da tributação como um todo mediante o cumprimento do seu dever de colaboração concretizado no cumprimento de obrigações acessórias ou mesmo de outras prestações de caráter não contributivo.

1.4. O dever de colaboração como dever autônomo

Não apenas a obrigação de pagar tributos, mas também toda a ampla variedade de outras obrigações e deveres estabelecidos em favor da Administração Tributária para viabilizar e otimizar o exercício da tributação, encontram base e legitimação constitucional. Se é certo que o cidadão tem o dever fundamental de contribuir para os gastos públicos,[32] não é menos correto afirmar que também tem o dever fundamental de colaborar em caráter geral com a tributação. Como afirma Delalande, a tributação pressupõe a participação de todos para funcionar corretamente.[33]

---

[32] A Constituição espanhola diz que todos contribuirão para sustentar os gastos públicos: "1. Todos contribuirán al sostenimiento de los gastos públicos de acuerdo con su capacidad económica mediante un sistema tributario justo inspirado en los principios de igualdad y progresividad que, en ningún caso, tendrá alcance confiscatorio."

[33] DELALANDE, Nicolas. *Les Batailles de L'Impôt: consentement et résistances de 1789 à nos jours*. Paris: Éditions du Seuil, 2011, p. 15.

Alguns deveres atribuídos aos próprios contribuintes poderiam, é verdade, encontrar suporte no caráter complexo da obrigação tributária e no dever de cooperação do obrigado ao pagamento, dos quais, como em qualquer outro ramo do direito, já se poderiam extrair deveres acessórios e secundários, forte na consideração da obrigação como processo e no princípio da boa-fé. Mas isso não justificaria os deveres impostos a terceiros não contribuintes.

Poder-se-ia, também, invocar o adágio de que "quem pode o mais pode o menos". Se o legislador pode impor o pagamento de tributos, também pode impor outras obrigações ou deveres que não são tão onerosos, mas que também são de suma importância para o exercício da tributação. Desse modo, contudo, os deveres de colaboração continuariam tendo como sustentação o dever fundamental de pagar tributos, o que não nos parece se afeiçoar à melhor compreensão de tais deveres.

Falamos de deveres que se pode impor em caráter originário pelo simples fato de que alguém integra determinada sociedade e tem, lado a lado e não de modo subordinado, os deveres fundamentais de pagar tributos e de colaborar com a tributação, fazendo o que mais seja necessário para o seu sucesso. O dever de colaboração é mais amplo que o de pagar tributos. É originário e independente da existência de uma obrigação de pagamento específica.

Aliomar Baleeiro já falava da "colaboração de terceiros", explicando: "A manifestação da existência, quantidade e valor das coisas e atos sujeitos à tributação é cometida por lei, em muitos casos, a terceiros, que, sob penas ou sob a cominação de responsabilidade solidária, devem prestar informações, fiscalizar e, não raro, arrecadar o tributo".[34] Calvo Ortega, por sua vez, refere expressamente que "la sustitución es un tipo concreto de colaboración".[35]

O Supremo Tribunal Federal brasileiro já assentou que o substituto tributário, por exemplo, é "sujeito passivo de uma obrigação de colaboração".[36] E reconhece que a regra matriz de responsabilidade traz deveres, por vezes implícitos, "de colaboração para com a Administração Tributária".[37]

A *Ley General Tributaria* espanhola, *Ley* 230/1963, já falava da "colaboración social" na gestão dos tributos. Mas como participação de entidades, instituições e organismos representativos de setores ou de interesses sociais, laborais, empresariais ou profissionais em campanhas de informação e difusão, educação tributária, simplificação do cumprimento das obrigações e deveres tributários, assistência na realização de declarações, regime de aferição indireta de bases tributárias, apresentação telemática de declarações, comunicações e outros documentos, ademais da participação na configuração dos princípios inspiradores das reformas tributárias.

A Lei Geral Tributária portuguesa, aprovada pelo Decreto-Lei nº 398/1998, ao estabelecer regras gerais relativas ao procedimento tributário, estampa expressamente, em seu artigo 59, o "Princípio da colaboração", enunciando que "Os órgãos da administração tributária e os contribuintes estão sujeitos a um dever de colaboração recíproco". No item 4 desse artigo,

---

[34] BALEEIRO, Aliomar. *Op. cit.*, p. 200/201.

[35] ORTEGA, Rafael Calvo. *Curso de Derecho financiero. I. Derecho Tributário*. 11ª ed. Thomson/Civitas, 2007, p. 157.

[36] STF, Tribunal Pleno, RE 603.191, Relatora Ministra ELLEN GRACIE, julgado em 1º/08/2011.

[37] STF, Tribunal Pleno, RE 562.276, Relatora Ministra ELLEN GRACIE, julgado em 03/11/2010, Dje 10/02/2011.

dispõe: "4 – A colaboração dos contribuintes com a administração tributária compreende o cumprimento das obrigações acessórias previstas na lei e a prestação dos esclarecimentos que esta lhes solicitar sobre a sua situação tributária, bem como sobre as relações económicas que mantenham com terceiros".

Chamamos atenção para que os deveres de colaboração têm um fundamento constitucional próprio, tal como o dever fundamental de pagar tributos, baseado no Estado de Direito Democrático e Social, que deixa a atividade econômica na esfera da iniciativa privada e se caracteriza como um Estado tributário. Esse busca seu financiamento pela arrecadação de tributos, para o que todos podem ser instados a participar, seja fazendo o pagamento de tributos, seja cumprindo deveres de colaboração.

É com fundamento no dever de colaboração com o fisco que são impostas as obrigações acessórias ou instrumentais e também obrigações a terceiros na qualidade de substitutos ou de responsáveis tributários.

2. Da capacidade de colaboração

2.1. O conceito de capacidade colaborativa

Tem capacidade quem pode agir, fazer, suportar. O sentido da palavra *capacidade* está relacionado à condição que uma pessoa tem de possuir determinada habilidade ou aptidão[38] ou que uma coisa possui de suportar determinada carga. Também está relacionado ao poder de produção ou de execução, à habilidade física ou mental de um indivíduo, à sua habilidade ou saber.[39] Aliás, deriva do latim *capacitas*, como aptidão, idoneidade, qualidade para certo fim.[40]

Conforme De Plácido e Silva, como capacidade, "entende-se a aptidão ou qualidade de certa coisa ou pessoa para satisfazer ou cumprir determinado objetivo". E, juridicamente, aparece com sentido próprio: "quer significar a aptidão legal que tem a pessoa, seja física ou jurídica, de adquirir e exercer direitos".[41]

Em matéria tributária, a capacidade para ser sujeito passivo é regulada pelo Código Tributário Na-

---

[38] FERREIRA, Aurélio Buarque de Holanda. *Novo dicionário Aurélio da língua portuguesa*. 4ª ed. Curibita: Positivo, 2009, p. 391.

[39] HOUAISS, Antônio; VILLAR, Mauro de Salles. *Dicionário Houaiss da língua portuguesa*. Rio de Janeiro: Objetiva, 2009, p. 391.

[40] SILVA, De Plácido e. *Vocabulário Jurídico*. Atualizadores: Nagib Slaibi filho e Gláucia Carvalho. 28ª ed. Rio de Janeiro, 2009, p. 247.

[41] Idem, ibidem.

cional, sendo que independe "da capacidade civil das pessoas naturais", "de achar-se a pessoa natural sujeita a medidas que importem privação ou limitação do exercício de atividades civis, comerciais ou profissionais, ou da administração direta de seus bens ou negócios" e "de estar a pessoa jurídica regularmente constituída, bastando que configure uma unidade econômica e profissional" (art. 126).

A capacidade tributária, como se vê, independe até mesmo da capacidade para os atos da vida civil, porquanto, como esclarece Schoueri, "a matéria ali regulada é a capacidade de agir em matéria tributária, i.e., a capacidade de incorrer em situações que produzam efeitos tributários".[42] Mas, se é verdade que, juridicamente, qualquer pessoa, física ou jurídica, tem capacidade para ser colocada no pólo passivo de uma relação jurídica relacionada à tributação, isso se dá apenas em caráter genérico e potencial, no sentido de poder ser sujeito a obrigações.

Ainda segundo o Código, sujeito passivo da obrigação tributária principal, obrigado ao pagamento de tributo, pode ser quem tenha relação pessoal e direta com a situação que constitua o respectivo fato gerador, sendo, então, denominado de contribuinte (art. 121, parágrafo único, I). É quem realiza o fato gerador, sendo chamado, por lei, a satisfazer o crédito tributário com fundamento na capacidade contributiva por ele revelada e que se pretende tributar.

Ainda poderá ser obrigado ao pagamento de tributo, mas enquanto responsável tributário em sentido amplo (o que abrange o substituto tributário e o responsável tributário em sentido estrito), o terceiro

---

[42] SCHOUERI, Luís Eduardo. *Direito Tributário*. 2ª ed. São Paulo: Saraiva: 2012, p. 502.

que, não sendo contribuinte, seja obrigado ao pagamento por disposição expressa de lei (art. 121). Essa terceira pessoa, porém, tem de estar, de algum modo, "vinculada ao fato gerador da respectiva obrigação" (art. 128).

Já quanto às obrigações acessórias, o Código limita-se a dispor que sujeito passivo é "a pessoa obrigada às prestações que constituam o seu objeto".

Veja-se que, para essas últimas posições, a de responsável tributário em sentido amplo e a de obrigado a prestações acessórias, não se exige vinculação direta ao fato gerador. Para sua compreensão, é preciso dar a devida relevância, ainda, ao fato de poderem ser obrigados, então, quem não tem, relativamente a determinada situação, a obrigação de pagar tributo enquanto contribuinte. Isso não significa, todavia, que a atribuição da condição de sujeito passivo enquanto responsável ou enquanto obrigado a prestações acessórias esteja ao livre alvedrio do legislador.

A instituição, efetiva, de cada obrigação exige que se verifique se a pessoa colocada no pólo passivo efetivamente tem a aptidão e a possibilidade de cumprir o ônus ou encargo que lhe é imposto e se esse cumprimento pode dar-se sem prejuízo das suas próprias atividades e interesses, ou seja, sem que comprometa desproporcionalmente seus direitos, sua liberdade e seu patrimônio. Enfim, é preciso que tenham capacidade de colaboração.

Colaboração é "trabalho em comum com uma ou mais pessoas", é "cooperação". É ajuda, auxílio, contribuição.[43] Envolve participação, "concorrer ou

---

[43] HOUAISS, Antônio; VILLAR, Mauro de Salles. *Dicionário Houaiss da língua portuguesa*. Rio de Janeiro: Objetiva, 2009, p. 494.

contribuir para".⁴⁴ Quem colabora, age junto, paralelamente a outras pessoas, coordenando esforços. Quem colabora, participa. Colaborar é: "Trabajar con otra u otras personas en la realización de una obra", "ayudar con otros al logro de algún fin".⁴⁵

A capacidade de colaboração em matéria tributária decorre das circunstâncias que envolvem nossa pessoa ou nossas atividades e que nos colocam em situação de poder, efetivamente, agir para que a tributação vá a bom termo.

Nesse sentido, a capacidade colaborativa pode ser conceituada como a possibilidade que uma pessoa tem de, consideradas as circunstâncias das atividades que desenvolve, ou dos atos ou negócios que realiza, ou ainda da sua relação ou proximidade com o contribuinte ou com fato gerador, estar em posição tal que lhe seja viável física, jurídica e economicamente, agir de modo a subsidiar, facilitar ou incrementar a fiscalização tributária ou a arrecadação dos tributos, colaborando, assim, para que a tributação alcance todos os potenciais contribuintes de modo mais efetivo, isonômico, simples, completo, confortável, econômico, justo e eficaz, em benefício de toda a sociedade.

2.2. A possibilidade de colaborar

A capacidade de colaboração revela-se pela possibilidade fática de atuar em prol da tributação, colaborando para o seu sucesso. Mas o que se pode considerar como uma tributação exitosa, que se deseje

---

⁴⁴ FERREIRA, Aurélio Buarque de Holanda. *Novo dicionário Aurélio da língua portuguesa*. 4ª ed. Curibita: Positivo, 2009, p. 491.

⁴⁵ *Diccionario de la Lengua Española*. 22ª ed. Madrid: Real Academia Española, 2001, p. 584.

promover e realizar e o que se pode fazer para favorecer esse fim?

A tributação tem de cumprir sua finalidade arrecadatória, fazendo com que sejam efetivamente vertidos aos cofres públicos os tributos, instituídos por lei. Temos, aqui, inclusive um imperativo de isonomia quanto à própria aplicação do direito. A respeito desse enfoque, Klaus Tipke afirma que, se não for viável a "transposição uniforme" da lei para a realidade de modo a alcançar os contribuintes em geral, o tributo "será inconstitucional por atentar contra o princípio da igualdade".[46] Também invoca as lições de J. Isense no sentido de que: "A lei por si só não garante ainda a justiça da imposição tributária. A igualdade se decide somente na execução. Não satisfaz à Constituição a mera determinação jurídica de igualdade na formulação do programa de imposição tributária através do Legislativo. Antes de tudo exige ela a igualdade de aplicação do direito em sua realização pela imposição uniforme para todos que preencherem o pressuposto de fato da lei".[47]

Andrei Pitten Velloso também trabalha essa perspectiva, afirmando que a igualdade "É um mandado imperativo, cujas exigências... tem de se impor coercitivamente no mundo real, a fim de que se logre a igualdade na execução das leis".[48] Destaca o entendimento do tribunal constitucional alemão no sentido de que "o princípio da isonomia impõe a tributação igual dos sujeitos passivos, tanto no âmbito norma-

---

[46] TIPKE, Klaus. *Besteuerungsmoral und Steuermoral*. tradução de Luiz Dória Furquim. *Moral Tributária do Estado e dos Contribuintes*. Porto Alegre: Sergio Antonio Fabris Editor, 2012, p. 67.

[47] Idem, p. 68.

[48] VELLOSO, Andrei Pitten. *O Princípio da Isonomia Tributária*: da teoria da igualdade ao controle das desigualdades impositivas. Porto Alegre: Livraria do Advogado, 2010, p. 226.

tivo quanto no fático" e que "a isonomia das cargas tributárias depende essencialmente do direito vivo (*gelebten Recht*), dos efeitos da tributação real (*Besteuerungswirklichkeit*), e não só de leis de papel".[49]

Intimamente imbricado com a igualdade, está, ainda, o princípio da livre concorrência, imprescindível para assegurar a ordem econômica tal como prevista na Constituição brasileira. Diferenças entre contribuintes quanto ao regime tributário a que estão submetidos, ou quanto à imposição ou cobrança dos tributos, podem implicar flagrante e insustentável desequilíbrio no mercado. A igualdade em matéria tributária, tanto na instituição como na aplicação dos tributos, é requisito para que se possa garantir a livre concorrência.

Impõe-se afirmar e reforçar, ainda, aspectos muitas vezes olvidados, quais sejam, o de que a tributação seja não apenas efetiva, mas que ocorra de modo simples, seguro, isonômico. É fundamental que atenda ao princípios da eficiência e da economicidade, de modo que se possa arrecadar os tributos com o menor custo possível. Frise-se, ainda, que se faz imperioso assegurar comodidade às pessoas, com o que se deve buscar uma tributação que exija o mínimo necessário de cada um para a promoção do máximo de bem comum. Que todos paguem os seus tributos e colaborem para a tributação, mas da maneira mais cômoda possível, cumprindo obrigações simples e fáceis, que estejam efetivamente ao seu alcance e que não lhes exijam ônus administrativos ou econômicos demasiados, tampouco lhes tome mais tempo do que aquele que se justifique em função da importância das respectivas obrigações e, sobretudo, que não comprometam a produção de riqueza.

---

[49] VELLOSO, op. cit., p. 227.

A capacidade de colaboração é a possibilidade que cada pessoa tem de agir para a realização desse fim. Por certo que não se deve impor às pessoas que assumam toda a responsabilidade pela tributação, porquanto o fisco, enquanto credor, tem o direito, o dever e as prerrogativas para realizar as atividades de fiscalização e de cobrança dos tributos. O que se pode impor às pessoas é que, na medida das suas possibilidades, atuem em cumprimento às obrigações que a legislação lhe impõe nesse sentido.

Impende, portanto, que as pessoas cumpram seu dever de colaboração com a tributação, participando, assim, do esforço da administração tributária e de toda a sociedade para que cada um pague o montante correspondente ao que o legislador estabeleceu que fosse suportado em face da capacidade contributiva de cada contribuinte e dos ideais de simplicidade e de economia.

Esse auxílio à tributação dá-se na medida da capacidade de colaboração de cada pessoa que, conforme já se destacou, pressupõe a sua possibilidade de participar de modo útil desse processo. Tem capacidade de colaboração em matéria tributária quem está em condições de colaborar efetivamente para tal fim.

A colaboração pode dar-se de diversos modos, conforme as circunstâncias inerentes às atividades de cada pessoa, em especial, às pessoas jurídicas, porquanto essas ostentam estrutura e meios mais amplos para o cumprimento de misteres de colaboração.

Manter registros e emitir documentos fiscais, franqueando o acesso do fisco aos respectivos dados e ao que lhes dá suporte, bem como o acesso aos estabelecimentos, estoques, depósitos, etc. é essencial para a viabilização da fiscalização tributária e pode ser cumprido em especial pelos próprios contribuintes, desde que esses registros, documentos, acessos e esclarecimentos estejam efetivamente ao alcance dos seus sujeitos passivos. No ponto, é fundamental que tais obrigações não sejam impostas em quantidade exagerada, com sobreposições ou elementos desnecessários, em formatos variados ou de difícil manejo, tampouco que não haja arbitrariedade quanto ao modo de acesso e ao prazo para a apresentação de documentos e justificação dos registros, quando solicitados.

A prestação de informações sobre atividades alheias também é das atividades mais relevantes para a fiscalização tributária. Isso porque informação é conhecimento, é a possibilidade de saber o que ocorre relativamente aos fatos que são relevantes para fins tributários. Dispor de informação habilita o fisco a agir no sentido de exigir que os contribuintes cumpram suas obrigações principais, procedendo aos lançamentos e à cobrança dos tributos. Daí por que as pessoas que detêm informações sobre as atividades econômicas de terceiro possuem um bem valioso para os fins de fiscalização tributária e têm, em face disso, elevada capacidade de colaboração para subsidiarem o trabalho do fisco.

A realização de retenções por parte de pessoas com ascendência sobre os contribuintes constitui colaboração de elevada eficácia com vista a evitar o inadimplemento por parte dos contribuintes. As retenções normalmente implicam concentração de sujeitos, de modo que uma única pessoa (substituto) proceda à retenção de tributos devidos por inúmeras outras (contribuintes substituídos), o que simplifica, provê economia e traz segurança para a tributação, além do que vai ao encontro da igualdade não só formal, mas na própria aplicação do direito. Tem capacidade de colaboração, por exemplo, aquele que procede à transferência de montantes do seu patrimônio para o dos contribuintes em cumprimento, via de regra, a obrigações contratuais, como é o caso dos empregadores ao pagarem salários, dos tomadores de serviço ao remunerarem os prestadores e assim por diante.

Proceder à exigência do montante do tributo junto ao contribuinte também é uma colaboração relevante. Isso se viabiliza em determinados contratos em que a parte contratante é plenamente identificada, como no de crédito concedido por instituições financeiras, no de seguros, etc. Para as instituições financeiras, há a possibilidade de acrescentarem o montante do tributo incidente sobre a operação, debitando do contribuinte o respectivo valor. Para as seguradoras, também se viabiliza acrescer ao montante do prêmio o valor do tributo incidente sobre a operação, exigindo o valor total do contribuinte.

Agir com diligência e zelo no cumprimento das obrigações fiscais está ao alcance e é dever de todos. Na representação de pessoas físicas ou jurídicas ou de patrimônios, tal assume um caráter ainda mais relevante. Constitui fundamental colaboração daqueles que assumem tal mister não tolerarem que sejam praticados atos fraudulentos, que impliquem sonegação de tributos ou apropriação indébita de valores retidos de outrem. Está ao alcance de quem tem a efetiva gestão de uma pessoa jurídica zelar para que haja correção no cumprimento das suas obrigações fiscais. Essa capacidade se verifica em quem está investido, de direito e de fato, na condição de diretor, gerente, representante, mandatário, etc.

2.3. Os limites da colaboração

É preocupação recorrente no Direito Tributário a afirmação dos limites a serem respeitados pelos entes políticos ao instituírem seus tributos. A instituição, cada vez em maior número, de obrigações acessórias, de substituição e de responsabilidades tributárias impostas a quem não é contribuinte também tem suscitado crescente preocupação quanto aos lindes do que é devido, razoável e proporcional nessa matéria.

Marco Aurélio Greco adverte: "O grande desafio para todos aqueles que lidam com o Direito Tributário é encontrar o ponto de equilíbrio entre os valores constitucionalmente consagrados". E destaca: "Não podemos ler a Constituição pela metade, ou seja, só pensando em solidariedade social, pois estaríamos cometendo a mesma distorção cometida por aqueles que lêem a Constituição só pensando na liberdade individual; temos de ler o conjunto, porque é pela conjugação dos valores protetivos da liberdade e modificadores da solidariedade que iremos construir uma tributação efetivamente justa".[50]

Cabe-nos, efetivamente, evitar o que Lawrence Tribe denomina de vício da *hyper-integration*, ou seja, a interpretação de todas as normas a partir da supremacia de uma única ideia, sem atentar para os diferentes papeis ou funções de cada instituto.[51] Ademais, parafraseando Eros Grau, poderíamos dizer que não se pode ler e aplicar a constituição "em tiras".

Vem a calhar, aqui, o princípio da concordância prática ou da harmonização. Ingo Wolfgang Sarlet destaca que "bens jurídicos reconhecidos e protegidos constitucionalmente precisam ser ordenados de tal forma que, notadamente onde existirem colisões, um não se realize às custas do outro, seja pela

---

[50] GRECO, Marco Aurélio; GODOI, Marciano Seabra de (coords.). *Solidariedade Social e Tributação*. São Paulo: Dialética, 2005, p. 189.

[51] TRIBE, Lawrence; DROF, Michael C. *On Reading de Constitucion*. USA: Harvard University Press, 1991.

ponderação apressada de bens, seja pela ponderação de valores em abstrato". Destaca ainda, que esse princípio de concordância prática "não deve ser aplicado isoladamente, mas socorrer-se dos demais princípios instrumentais e materiais de aplicação da Constituição, pois impõe uma necessária e saudável coordenação e harmonização dos bens jurídicos constitucionais em conflito, evitando-se o perecimento de uns para satisfazer outros, isto é, o princípio da concordância prática impõe o estabelecimento de limites e condicionamentos recíprocos *in concreto*". Ademais, "busca atender – no contexto da unidade da constituição e da ordem jurídica – às exigências de coerência e racionalidade do sistema constitucional".[52]

No RE 603.191, julgado em agosto de 2011, o Plenário do STF assentou que a norma de substituição tributária "estabelece a relação de colaboração entre outra pessoa e o fisco, atribuindo-lhe o dever de recolher o tributo em lugar do contribuinte" e que "há os limites à própria instituição do dever de colaboração que asseguram o terceiro substituto contra o arbítrio do legislador". E segue: "A colaboração dele exigida deve guardar respeito aos princípios da razoabilidade e da proporcionalidade, não se lhe podendo impor deveres inviáveis, excessivamente onerosos, desnecessários ou ineficazes".

Ricardo Lobo Torres trabalha a razoabilidade como um princípio de legitimação.[53] Humberto Ávila destaca que a razoabilidade constitui "diretriz que exige uma vinculação das normas jurídicas com o mundo ao qual elas fazem referência, seja reclamando

---

[52] SARLET; MARINONI, op. cit., p. 221 e 222.

[53] TORRES, Ricardo Lobo. *Tratado de Direito Constitucional Financeiro e Tributário*. Vol. II: Valores e Princípios Constitucionais Tributários. Rio de Janeiro/São Paulo/Recife: Renovar, 2005, p. 221.

a existência de um suporte empírico e adequado a qualquer ato jurídico, seja demandando uma relação congruente entre a medida adotada e o fim que ela pretende atingir".[54]

Importa ter em conta a razoabilidade e a proporcionalidade da colaboração pretendida pelo legislador.

Em matéria de substituição tributária, não seria razoável, por exemplo, que a lei pusesse como substituto pessoa sem posição de ascendência relativamente ao substituído, ou seja, pessoa que não estivesse em posição de reter ou de exigir do substituto o tributo. Teríamos, então, a imposição arbitrária da obrigação de fazer o pagamento, sem atentar para o fato de que o substituto não é contribuinte e que, portanto, deve poder fazer o pagamento com o dinheiro do contribuinte.

Aliás, o Supremo Tribunal Federal já assentou, no RE 603.191, que "não sendo o substituto obrigado a contribuir, senão a colaborar com a Administração Tributária, é essencial para a validade de tal instituto jurídico que ao substituto seja assegurada a possibilidade de retenção ou de ressarcimento quanto aos valores que está obrigado a recolher aos cofres públicos". Fez isso mediante invocação da lição do professor espanhol Lago Montero, que afirma: "El sustituto ni realiza el hecho imponible ni es titular de la capacidad econômica gravada. Por ello, no debe soportar en su pecunio el peso de la contribución satisfecha. La ley le confiere al efecto el erecho a reembolsarse del auténtico sujeto pasivo, esto es, del contribuyente".[55]

---

[54] ÁVILA, Humberto. *Teoria dos Princípios: da definição à aplicação dos princípios jurídicos*. São Paulo: Malheiros, 2003, p. 121.

[55] MONTERO, Lago. La *Sujeción a los Diversos Deberes y Obligaciones Tributários*. Madrid/Barcelona: Marcial Pons, 1998, p. 75.

Igualmente, não teria razoabilidade a imposição de responsabilidade tributária a quem não tivesse relação com o fato gerador ou com o contribuinte, de modo a poder influir de algum modo para que o contribuinte fizesse o pagamento ou para facilitar a fiscalização. O requisito, constante do art. 128 do CTN, de que a lei atribua responsabilidade a terceiro "vinculado ao fato gerador da respectiva obrigação", traz, justamente, a exigência de que esse terceiro, por estar próximo, tenha capacidade de colaboração.

Ademais, a colaboração exigida tem de ser proporcional. Conforme ensina Luís Afonso Heck, analisando a orientação do Tribunal Constitucional alemão, a proporcionalidade "exige que o particular fique preservado de intervenções desnecessárias e excessivas; uma lei não deve onerar o cidadão mais intensamente do que o imprescindível para a proteção do interesse público", de modo que "a intervenção precisa ser apropriada e necessária para alcançar o fim desejado", não deve gravar em excesso o afetado "deve poder ser dele exigível".[56]

Aliás, o próprio professor Konrad Hesse, ao cuidar da coordenação dos direitos de liberdade e de outros bens jurídicos, destaca: "A tarefa da concordância prática requer a coordenação 'proporcional' de direitos fundamentais e bens jurídicos limitadores de direitos fundamentais...: na interpretação de limitações constitucionais ou da limitação com base em reserva legal trata-se de deixar ambos chegar à eficácia ótima. Como os direitos fundamentais, também na medida em que eles estão sob reserva legal, pertencem às partes integrantes essenciais da ordem consti-

---

[56] HECK, Luís Afonso. *O Tribunal Constitucional Federal e o Desenvolvimento dos Princípios Constitucionais*: Contributo para uma compreensão da Jurisdição Constitucional Federal Alemã. Porto Alegre: Sergio Antonio Fabris Editor, 1995, p. 176/177.

tucional, essa determinação proporcional nunca deve ser efetuada em uma forma que prive uma garantia jurídico-fundamental mais do que o necessário, ou até completamente, de sua eficácia na vida da coletividade. A limitação de direitos fundamentais deve, por conseguinte, ser adequada para produzir a proteção do bem jurídico, por cujo motivo ela é efetuada. Ela deve ser necessária para isso, o que não é o caso, quando um meio mais ameno bastaria. Ela deve, finalmente, ser proporcional no sentido restrito, isto é, guardar relação adequada com o peso e o significado do direito fundamental".[57]

Luiz Roberto Barroso destaca os seguintes requisitos da proporcionalidade: "(a) da adequação, que exige que as medidas adotadas pelo Poder Público mostrem-se aptas a atingir os objetivos pretendidos; (b) da necessidade ou exigibilidade, que impõe a verificação da inexistência de meio menos gravoso para atingimento dos fins visados; e (c) da proporcionalidade em sentido estricto, que é a ponderação entre o ônus imposto e o benefício trazido, para constar se é justificável a interferência na esfera dos direitos dos cidadãos".[58] Os mesmos requisitos são destacados por Jorge Miranda: "O princípio da proporcionalidade decompõe-se nos três subprincípios da idoneidade ou adequação, da necessidade e da racionalidade ou proporcionalidade *stricto sensu*. Pressuposta a legitimidade do fim consignado na norma, a idoneidade traduz-se na existência de um meio adequado à sua prossecução. Perante um bem juridicamente protegi-

---

[57] HESSE, Konrad. *Elementos de Direito Constitucional da República Federal da Alemanha (Grundzüe des Verfassunsrechts der Bendesrepublik Deutschland)*. Tradução de Luís Afonso Heck. Porto Alegre: Sergio Antonio Fabris Editor, 1998, p. 255/256.

[58] BARROSO, Luiz Roberto. Os princípios da razoabilidade e da proporcionalidade no direito constitucional. In: *Revista Forense*. Vol. 336. Rio de Janeiro: Forense, out-dez/1996, p. 131.

do, a intervenção ou a providência a adoptar pelo órgão competente tem de estar em correspondência com ele. A necessidade do meio, significa que é ele, entre os que poderiam ser escolhidos *in abstracto*, aquele que melhor satisfaz in concreto – com menos custos, nuns casos, e com mais benefícios, noutros – a realização do fim; e, assim, é essa providência, essa decisão que deve ser adoptada. A racionalidade ou proporcionalidade *stricto sensu* equivale a justa medida. Implica que o órgão proceda a uma correcta avaliação da providência em termos quantitativos (e não só qualitativos), de tal jeito que ela não fique além ou aquém do que importa para se alcançar o resultado devido – nem mais, nem menos. Se não se respeitar o primeiro dos subprincípios – outro tanto é dizer o primeiro dos requisitos de actuação do poder público – haverá arbítrio. Se não se verificarem os outros dois, excesso. Em suma: o juízo de proporcionalidade não se reconduz a um juízo meramente cognoscitivo. Com ele, cura-se de uma funcionalidade teleológica, e não de uma qualquer funcionalidade lógica ou semântica".[59]

Quanto à proporcionalidade em sentido estrito, aliás, vale recordar o próprio texto da Constituição portuguesa, em seu art. 18º, nº 2, 2ª parte: "As restrições de direitos, liberdades e garantias devem 'limitar-se ao necessário para salvaguardar outros direitos ou interesses constitucionalmente protegidos".[60] J. J. Gomes Canotilho fala da proibição de excesso como um "subprincípio constitutivo" do princípio da proporcionalidade, apontando para a exigibilidade ou necessidade da medida: "O princípio da exigibilidade, também conhecido como 'princípio da necessidade' ou da 'menor ingerência possível', coloca a tónica

---

[59] MIRANDA, Jorge, p. 284 e 285.
[60] Idem, p. 282.

da ideia de que o cidadão tem direito à menor desvantagem possível. Assim, exigir-se-ia sempre a prova de que, para a obtenção de determinados fins, não era possível adoptar outro meio menos oneroso para o cidadão. Dada a natural relatividade do princípio, a doutrina tenta acrescentar outros elementos conducentes a uma maior operacionalidade prática: a) a exigibilidade material, pois o meio deve ser o mais 'poupado' possível quanto à limitação dos direitos fundamentais; b) a exigibilidade espacial aponta para a necessidade de limitar o âmbito da intervenção; c) a exigibilidade temporal pressupõe a rigorosa delimitação no tempo da medida coactiva do poder público; d) a exigibilidade pessoal significa que a medida se deve limitar à pessoa ou pessoas cujos interesses devem ser sacrificados. O princípio da exigibilidade não põe em crise, na maior parte dos casos, a adopção da medida (necessidade absoluta) mas sim a necessidade relativa, ou seja, se o legislador poderia ter adoptado outro meio igualmente eficaz e menos desvantajoso para os cidadãos".[61]

Também sublinhando a "menor ingerência possível", Luiz Roberto Barroso invoca a jurisprudência alemã e afirma: "... 'requisito qualificador da razoabilidade-proporcionalidade'... é o da exigibilidade e/ou necessidade (*Erforderlichkeit*) da medida. Conhecido, também, como 'princípio da menor ingerência possível', consiste ele no imperativo de que os meios utilizados para atingimento dos fins visados sejam os menos onerosos para o cidadão. É a chamada proibição do excesso. Uma lei será inconstitucional, por infringência ao princípio da proporcionalidade, 'se se puder constatar, inequivocamente, a existência

---
[61] CANOTILHO. Op. cit, p. 262.

de outras medidas menos lesivas'".[62] Não é por outra razão que Hugo de Brito Machado adverte: "Caso o meio seja adequado e necessário, tem-se ainda de ponderar se o valor por ele prestigiado não está sendo demasiadamente sobreposto a outros, igualmente nobres".[63]

Humberto Ávila chama a atenção, também, para a importância de se resguardar o núcleo essencial dos direitos: "A realização de uma regra ou princípio constitucional não pode conduzir à restrição a um direito fundamental que lhe retire um mínimo de eficácia".[64] E ainda acrescenta: "fundamenta-se na ideia de que todos os direitos e princípios fundamentais, ainda que possam ser restringíveis, não podem ser atingidos no seu núcleo essencial, sendo esse núcleo definido como aquela parte do conteúdo de um direito sem a qual ele perde a sua mínima eficácia e, por isso, deixa de ser reconhecível como um direito fundamental".[65]

Outro aspecto importante é que, conforme ensina J. J. Gomes Canotilho, "o domínio lógico de aplicação do princípio da proporcionalidade estende-se aos conflitos de bens jurídicos de qualquer espécie", enquanto Luiz Felipe Silveira Difini destaca: "Assim como o direito de propriedade, também os princípios

---

[62] BARROSO, Luiz Roberto. Os princípios da razoabilidade e da proporcionalidade no direito constitucional. In: *Revista Forense*. Vol. 336. Rio de Janeiro: Forense, out-dez/1996, p. 130/131.

[63] MACHADO, Hugo de Brito; MACHADO SEGUNDO, Hugo de Brito. Os postulados da proporcionalidade e da razoabilidade: algumas notas sobre sua Aplicação no âmbito tributário. In: *Revista de Direito Tributário da APET*. Ano III. 9ª ed. São Paulo: MP, 2006, p. 63.

[64] ÁVILA, Humberto. *Teoria dos Princípios...*, 2003, p. 89.

[65] ÁVILA, Humberto. Multa de Mora: Exames de Razoabilidade, Proporcionalidade e Excessividade. *Fundamentos do Estado de Direito*: estudos em homenagem ao Professor Almiro do Couto e Silva. São Paulo: Malheiros, 2005.

do livre exercício profissional e da livre iniciativa podem entrar em conflito com outros princípios".[66]

Postos os traços essenciais do princípio da proporcionalidade, cabe sublinhar sua aplicação no Direito Tributário, especialmente no que diz respeito "a la relación entre obligación tributaria y obligaciones formales y responsabilidades", conforme sublinha Rafael Calvo Ortega. Esse autor, refere a utilização da proporcionalidade tanto na simplificação da gestão do tributo "a medida que la capacidad administrativa del contribuyente es menor", como na "adecuación de los poderes tributarios a objetivos concretos e incluso como moderación de tales poderes".[67]

Fábio Brum Goldschmidt aprofunda a matéria quanto às obrigações acessórias: "... embora as obrigações tributárias acessórias não detenham o atributo da patrimonialidade, parece inegável o fato de que elas representam um custo, um valor economicamente mensurável para o contribuinte, ou ainda um aspecto patrimonial reflexo, em que pese, via de regra, bem inferior ao custo da obrigação principal. ... se concordarmos que a obrigação tributária acessória representa um custo tanto para as empresas quanto para as pessoas físicas, parece inegável admitirmos a possibilidade desse custo tornar-se excessivamente oneroso dentro do contexto em que é colocado. [...] ... as exigências não tributárias, cujo caráter patrimonial seja apenas reflexo ou indireto, vêm sendo reconhecidas inconstitucionais sempre que se apresentem excessivas ou irrazoáveis, o que nos deixa confortáveis para dizer que também o reflexo econômico das obrigações

---

[66] DIFINI, Luiz Felipe Silveira. *Proibição de tributos com Efeito de Confisco*. Porto Alegre: Livraria do Advogado, 2007, p. 266.

[67] CALVO ORTEGA, Rafael. *Curso de Derecho Financiero*: I. Derecho Tributario: Parte general. 11ª ed. Pamplona: Editorial Aranzadi (Thomson/Civitas), 2007, p. 78.

acessórias está protegido pela Constituição contra o excesso".[68]

Ainda que as obrigações tributárias formais sejam razoáveis, portanto, não terão validade se atentarem contra a proporcionalidade. Mais uma vez é Fábio Brum Goldschmidt que afirma: "... uma obrigação acessória que, embora atribuída à pessoa que tenha relação com o fato gerador, revele-se excessivamente penosa ou complexa, ou ainda absolutamente incapaz de atingir os fins a que se propõe, também pode ser considerada desproporcional e, por decorrência, desobediente à Carta Maior. Alude-se aqui à instituição de obrigações que, de tão difíceis ou caras de se cumprir, desestimulem ou causem entraves ao bom andamento da atividade produtiva (agredindo, via de conseqüência, às próprias máximas de Adam Smith de economicidade e conveniência na tributação)...".[69]

Estas razões se aplicam em matéria de substituição tributária, pois é sabido que o substituto tem custos operacionais com a arrecadação. Sublinhamos a lição de Calvo Ortega, para quem o legislador não pode estabelecer "sustituciones que resulten de cumplimiento especialmente difícil o gravoso para el sustituto".[70] Aliás, Maria Rita Ferragut adverte: "... um problema intrínseco para o contribuinte é o elevado número de obrigações acessórias e controles? Por isso, o equilíbrio precisa existir. Pode-se ter a substituição, desde que se leve em conta que o dever instrumental é oneroso. Não há que se falar em inexistência de valor econômico envolvido no dever instrumental. É muito difícil para uma empresa, hoje, conseguir acompa-

---

[68] GOLDSCHMIDT, Fábio Brun. *O Princípio do Não-Confisco no Direito Tributário*. São Paulo: Revista dos Tribunais, 2003, p. 149/151.

[69] GOLDSCHMIDT. Op. cit., p. 152.

[70] CALVO ORTEGA. Op. cit., p. 158.

nhar todas as leis, portarias CAT, etc. que dispõem sobre substituição e ter pessoal preparado que as entenda e as implante. Deve haver proporcionalidade entre a necessidade do fisco e a onerosidade imposta ao contribuinte".[71] Na mesma linha é a reflexão de Alessandro Mendes Cardoso: "Esses custos, no entanto, podem ser imputados como decorrentes do dever de colaboração para com o Fisco e da necessidade de se cumprir a responsabilidade outorgada pela legislação. Mas é fato de que ser eleito substituto tributário traz adjacentes ônus financeiros e operacionais, necessários para o cumprimento das obrigações decorrentes".[72] O mesmo autor por isso sublinha que "... apesar de em tese a substituição tributária ser um sistema válido que leva à praticidade da arrecadação, por outro lado, em determinados casos, a sua aplicação se torna desproporcional e leva ao agravamento indevido do ônus da atividade imposta ao substituto tributário".[73] E completa: "No caso da substituição tributária cabe ao intérprete utilizar a ferramenta da proporcionalidade: a) o meio utilizado pelo Estado é adequado à obtenção da finalidade perseguida? A substituição tributária viabiliza ou facilita a arrecadação e fiscalização, principalmente em setores pulverizados, como cigarros, bebidas e veículos? b) o meio é necessário, no sentido de que não há outro que chegue no mesmo resultado com nenhuma ou menor limitação à esfera jurídica do contribuinte? c) por fim, e na verdade mais importante, existe relação entre o meio adotado e o

---

[71] FERRAGUT, Maria Rita. Substituição Tributária – Antecipação, Valor Agregado e Ressarcimento. In: *Revista de Direito Tributário* nº 107/108. São Paulo: Malheiros, 2010, p. 119/124.

[72] CARDOSO, Alessandro Mendes. A responsabilidade do substituto tributário e os limites à praticidade. Belo Horizonte, n. 21, ano 4 Maio 2006. Disponível em: <http://www.editoraforum.com.br/bid/bidConteudoShow.aspx?idConteudo =36066> Acesso em: 11 fevereiro 2011.

[73] Idem.

fim com ele perseguido, no sentido de que a vantagem representada pelo alcance desse fim supera o prejuízo decorrente da limitação concretamente imposta a outros interesses igualmente protegidos?".[74]

O princípio da proporcionalidade, portanto, é um importante mecanismo para a verificação da compatibilidade das hipóteses e dos regimes de substituição e de responsabilidade tributárias com os direitos dos sujeitos passivos de tais relações jurídicas e do próprio contribuinte.

2.4. A capacidade colaborativa como princípio tributário e critério de validação das obrigações acessórias e de terceiros

O princípio da capacidade de colaboração ou colaborativa está para a instituição de obrigações acessórias e de terceiros como o princípio da capacidade contributiva está para a instituição de tributos: dá-lhe suporte, medida e limite.

A importância de considerar a capacidade de colaboração na dimensão de princípio está em que "os princípios incorporam valores que transcendem a simples técnica positiva do Direito, exprimindo algo além que não as singelas características da incidência, validade, eficácia", "os princípios são formulações abstratas que o tomador da decisão deve levar em conta, mas, pela sua própria feição, apresentam um caráter eminentemente *fuzzy*, impreciso, indeterminado que abrange situações aparentemente opostas e diferenciadas por graus e não por exclusões", eles "são

---

[74] CARDOSO, Alessandro Mendes. A responsabilidade do substituto tributário e os limites à praticidade. Belo Horizonte, n. 21, ano 4 Maio 2006. Disponível em: <http://www.editoraforum.com.br/bid/bidConteudoShow.aspx?idConteudo=36066> Acesso em: 11 fevereiro 2011.

ponderados, conjugados, na busca de um equilíbrio dinâmico e não como simples fruto de uma estética ou de uma arquitetura jurídica".[75]

O valor colaboração, com esteio no Estado de Direito Democrático e Social e na solidariedade em seu sentido jurídico mais amplo, tal como posta constitucionalmente, revela-se juridicamente como dever e também como princípio constitucional tributário capaz de estruturar a compreensão de todas as obrigações tributárias impostas no interesse da fiscalização e da arrecadação, assim entendidas não apenas as obrigações acessórias a cargo de quaisquer pessoas como também as obrigações dos terceiros decorrentes das normas de substituição e de responsabilidade tributárias.

A enunciação da capacidade de colaboração como princípio revela a generalidade que é própria dessa categoria tributária. É possível dizer que cada qual, considerando as possibilidades que suas circunstâncias pessoais lhe concedem, tem o dever de colaborar com a tributação. Mas só será possível vislumbrar qual a colaboração efetiva que poderá prestar relativamente aos fins de fiscalização ou de arrecadação de cada ente político e em face de cada tributo analisando-os especificamente.

A capacidade de colaboração é requisito para a instituição de deveres de colaboração, enquanto a capacidade contributiva o é quanto à instituição de tributos. O paralelo é pertinente e esclarecedor.

Só faz sentido impor a alguém prestações positivas ou negativas no interesse da arrecadação ou da fiscalização de tributos se tais prestações forem úteis. Para tanto, faz-se necessário que o respectivo sujeito

---

[75] GRECO, Marco Aurélio. *Contribuições* (uma figura *sui generis*). Dialética, 2000, p. 47.

passivo dessas obrigações acessórias guarde alguma relação com o fato gerador ou com o contribuinte, de modo que essa proximidade lhe permita um agir que facilite a fiscalização ou a arrecadação, induza o pagamento dos tributos, restrinja a sonegação, etc. As obrigações tributárias acessórias são autônomas relativamente às obrigações principais, mas só se justificam porque é necessário fiscalizar e assegurar a arrecadação. Assim, invariavelmente, guardam relação com os fatos geradores.

O contribuinte sempre terá condições de colaborar com a fiscalização tributária prestando informações sobre os fatos geradores por ele próprio realizados.

Outras pessoas, por vezes denominadas terceiros, por relacionarem-se com os contribuintes, testemunhando a realização dos fatos geradores, também poderão ter evidenciada sua capacidade de colaboração com a administração tributária. Estão, assim, em condições de colaborar para que a tributação ocorra de modo adequado. Dispondo de informações sobre atividades econômicas que digam respeito a fatos geradores realizados pelo contribuinte, podem prestá-las ao Fisco. Dependendo delas a realização de determinados negócios, podem exigir a comprovação do recolhimento de tributos como requisito. Cabendo-lhes o transporte de mercadorias, podem ter a cautela de exigir que estejam acompanhados por nota fiscal.

A instituição de obrigações acessórias no interesse da arrecadação ou da fiscalização dos tributos pressupõe, efetivamente, que os respectivos obrigados estejam de alguma maneira vinculados aos fatos geradores ou aos contribuintes.

O mesmo ocorre quanto à atribuição da condição de substituto ou de responsável tributários. O art. 128 do CTN, por exemplo, ao dizer da possibilidade de a lei atribuir a responsabilidade pelo crédito tributário a terceira pessoa, adverte: "vinculada ao fato gerador da respectiva obrigação". Esse requisito consubstancia, justamente, a exigência de capacidade de colaboração. Só quem está vinculado ao fato gerador e, portanto, dele tem conhecimento, relacionando-se com o contribuinte, é que tem condições de colaborar com a administração tributária e, eventualmente, por descumprir tais deveres, ensejando dano ao fisco, ser colocado como garantidor do crédito tributário. A substituição tributária, por exemplo, em regra, faz-se mediante retenção, o que pressupõe a disponibilidade, pelo substituto, dos valores de titularidade do contribuinte. Os arts. 134 e 135 do CTN, ao disporem sobre a responsabilidade de terceiros, sempre a estabelecem em face do vínculo desses terceiros com o contribuinte, pressupondo, até mesmo, certa ascendência relativamente ao mesmo, de modo que tenham como colaborar para evitar o descumprimento da obrigação pelo contribuinte. São os casos dos pais relativamente aos filhos menores, dos tutores e curadores relativamente aos tutelados e curatelados, dos administradores de bens de terceiros relativamente a estes, do inventariante relativamente ao espólio, do administrador judicial relativamente à empresa sob recuperação ou falência, dos tabeliães relativamente às partes dos negócios realizados perante eles, dos sócios relativamente às sociedades de pessoas que integram. Também é o caso dos mandatários, prepostos e empregados, diretores, gerentes ou representantes relativamente às empresas em nome de quem agem ou que representam.

Do mesmo modo que o princípio da capacidade contributiva opera efeitos também em face de situações extremas, de preservação do mínimo vital e de vedação do confisco, impondo, de um lado, que nada seja exigido de quem só tem recursos para sua própria subsistência e, de outro lado, que a elevada capacidade econômica do contribuinte não sirva de pretexto para tributação em patamares excessivamente onerosos que impliquem absorção essencial da riqueza tributada, o princípio da capacidade de colaboração apresenta-se importante em casos limites.

Não se pode exigir colaboração de quem não tem aptidão para tanto, de quem não tem a possibilidade de realizar o que se pretende. De outro lado, por maior que seja a capacidade de colaboração da pessoa, isso não justifica que dela se exija colaboração exagerada consubstanciada em obrigações múltiplas, complexas e sobrepostas, que pressuponham recursos materiais e humanos demasiadamente onerosos e sob risco de penalizações graves, desviando exageradamente a pessoa das suas atividades principais, o que esbarra na vedação do excesso. Isso porque a coordenação dos interesses do fisco com as liberdades das pessoas se impõe para a preservação dos diversos valores consagrados constitucionalmente.

Cabe destacar que, em matéria de confisco, o Supremo Tribunal Federal, na ADI 2.010, decidiu que a verificação do caráter confiscatório de um novo tributo ou majoração se faz em face da carga tributária total a que resta submetido o contribuinte, e não, necessariamente, em face da onerosidade de cada tributo isoladamente considerado: "A identificação do efeito confiscatório deve ser feita em função da totalidade da carga tributária, mediante verificação da capacidade de que dispõe o contribuinte – considerado o montante de sua riqueza (renda e capital) – para suportar e sofrer a incidência de todos os tributos que ele deverá pagar". E destacou que o caráter confiscatório de determinado tributo resta configurado "sempre que o efeito cumulativo – resultante das múltiplas incidências tributárias estabelecidas pela mesma entidade estatal – afetar, substancialmente, de maneira irrazoável, o patrimônio e/ou os rendimentos do contribuinte". E no RE 448432 AgR, assentou ainda: "A caracterização do efeito confiscatório pressupõe a análise de dados concretos e de peculiaridades de cada operação ou situação, tomando-se em conta custos, carga tributária global, margens de lucro e condições pontuais do mercado e de conjuntura social e econômica (art. 150, IV, da Constituição)".

Relativamente às obrigações acessórias e de terceiros, também poderemos ver a capacidade de colaboração exaurida ou extrapolada em função de uma obrigação acessória, de substituição ou de responsabilidade tributária excessivamente onerosa ou mediante a instituição de uma obrigação que, somada às demais já a cargo do colaborador, implique um conjunto insuportável.

O princípio da capacidade colaborativa auxilia a compreensão dessas obrigações acessórias, de substituição e de responsabilidade tributárias e aporta instrumentos para a sua instituição e para o seu controle. A razoabilidade e a proporcionalidade de tais obrigações dependerá da verificação da capacidade de colaboração dos respectivos sujeitos passivos dessas relações. Mas o princípio da capacidade de colaboração tem um conteúdo material, não apenas aplicativo. Não apenas limita, como, antes, justifica; não apenas coordena, como fundamenta.

Forte no princípio da capacidade colaborativa, pode o Estado, mediante a via legislativa apropriada, exigir das pessoas que colaborem com a tributação à vista da sua efetiva capacidade, decorrente de especial relação com os fatos geradores ou com os contribuintes, de agir no sentido de viabilizar, simplificar ou tornar mais efetivas a fiscalização e a arrecadação tributárias. Mas não lhes pode impor que, para tanto, tenham de se desviar das suas atividades ou de suportar demasiado ônus ou restrição às suas liberdades.

3. Das obrigações de colaboração

3.1. A capacidade colaborativa nas obrigações acessórias

A par das obrigações de pagar tributos e penalidades, o Código Tributário Nacional prevê a instituição de obrigações no interesse da arrecadação ou da fiscalização dos tributos tendo por objeto prestações positivas ou negativas, denominando-as de obrigações acessórias.[76] Tais obrigações, pontua, têm como fato gerador "qualquer situação que, na forma da legislação aplicável, impõe a prática ou a abstenção de ato que não configure obrigação principal".[77] E seu sujeito passivo é "a pessoa obrigada às prestações que constituam o seu objeto".[78] Com isso, o Código estabelece a noção de obrigação acessória por exclusão, consistindo em obrigação de caráter não contributivo

---

[76] CTN: "Art. 113. A obrigação tributária é principal ou acessória. § 1º A obrigação principal surge com a ocorrência do fato gerador, tem por objeto o pagamento de tributo ou penalidade pecuniária e extingue-se juntamente com o crédito dela decorrente. § 2º A obrigação acessória decorre da legislação tributária e tem por objeto as prestações, positivas ou negativas, nela previstas no interesse da arrecadação ou da fiscalização dos tributos. § 3º A obrigação acessória, pelo simples fato da sua inobservância, converte-se em obrigação principal relativamente à penalidade pecuniária."

[77] CTN: "Art. 115. Fato gerador da obrigação acessória é qualquer situação que, na forma da legislação aplicável, impõe a prática ou a abstenção de ato que não configure obrigação principal."

[78] CTN: "Art. 122. Sujeito passivo da obrigação acessória é a pessoa obrigada às prestações que constituam o seu objeto."

nem punitivo que tem por objeto fazer, não fazer ou tolerar, bastando que a legislação o estabeleça no interesse da arrecadação ou da fiscalização.

A instituição de obrigações acessórias pressupõe que os respectivos obrigados sejam contribuintes ou que estejam de alguma maneira vinculados aos fatos geradores ou aos contribuintes.

Além da manutenção dos livros cuja confecção já é determinada pelas leis civis e comerciais, ainda têm os contribuintes, conforme o caso, de elaborar livros fiscais e de mantê-los, todos, bem como os comprovantes dos lançamentos neles efetuados, "até que ocorra a prescrição dos créditos tributários decorrentes das operações a que se refiram" (art. 195, parágrafo único, do CTN). E basta passarmos os olhos pela legislação de cada um dos entes políticos para verificarmos que não faltam essas obrigações de natureza não contributiva, do que são exemplo: o Livro de Apuração do Lucro Real (LALUR), o Livro de Apuração do IPI, o Livro de Apuração do ICMS, o Livro de Registro Especial do ISSQN, o Livro Registro de Inventário, o Livro Registro de Entradas, o Livro Registro de Saídas, o Livro Registro de Controle da Produção e do Estoque, o Livro Registro Permanente de Estoque, o Livro de Movimentação de Combustíveis, o Livro Registro de Entrada e Saída do Selo de Controle, o Livro Registro de Impressão de Documentos Fiscais, o Livro Registro de Utilização de Documentos Fiscais e Termos de Ocorrências, o Livro Caixa – Carnê-Leão e o Livro Caixa da Atividade Rural.

Mas a primeira das obrigações acessórias de todos os contribuintes é inscrever-se no cadastro de contribuintes. E aqui já iniciam os problemas, porquanto há desnecessária coexistência de cadastros dos diversos entes políticos. Embora o ordenamento jurídico traga alguns elementos no sentido da unificação e simplificação dos cadastros, o cadastro junto à Receita Federal (CPF e CNPJ) ainda convive com os cadastros estaduais e municipais, sendo exigido das pessoas jurídicas que se inscrevam junto a cada qual, ostentando, assim, números de identificação diferentes conforme a obrigação tributária que forem cumprir.

O art. 146, parágrafo único, inciso IV, da CF, acrescido pela EC 42/03, autoriza o estabelecimento, por lei complementar, de cadastro nacional único de contribuintes. Contudo, a LC 123/06, que cuida do Estatuto Nacional da Microempresa e da Empresa de Pequeno Porte, em seu art. 4º, limitou-se a referir que os três âmbitos de governo deveriam considerar a unicidade do processo de registro e de legalização de empresários na elaboração das normas de sua competência. A LC 139/11, por sua vez, dispõe no sentido de que os cadastros fiscais estadual ou municipal poderão ser simplificados ou ter sua exigência postergada para o Microempreendedor Individual, sem prejuízo da emissão de documentos fiscais de compra, venda ou prestação de serviços.

Essa sobreposição de cadastros, isoladamente considerada, não se afigura inválida, porque não exaure a capacidade de colaboração dos contribuintes, que tem como se adequar a isso, ainda que com algum incômodo. Mas impõe aos contribuintes procedimentos e cuidados que, com a unificação, poderiam ser evitados, liberando-se-os desses encargos para que não se sintam sobrecarregados com atividades de pouca efetividade que, associadas a outras tantas obrigações acessórias, acabem por exaurir, aí sim, em seu conjunto, a capacidade de colaboração das pessoas. Cada obrigação que possa ser simplificada, já a partir do cadastro, deve sê-lo.

E há muitos deveres de informação vertidos em obrigações acessórias específicas, com prestação periódica.

O art. 197 do CTN, ao dizer do dever de prestação de informações à autoridade administrativa, mediante intimação, pelos tabeliães, instituições financeiras, corretores, inventariantes e outros, refere-se às "informações de que disponham com relação aos bens, negócios ou atividades de terceiros" (no caso, os terceiros são os contribuintes a respeito de quem se informará algo relevante para a fiscalização tributária). E ainda abre a possibilidade de o legislador ordinário designar outras pessoas "em razão de seu cargo, ofício, função, ministério, atividade ou profissão". Efetivamente, deve estar ao alcance do sujeito passivo da obrigação acessória prestar a colaboração que dele se exige.

Informação singela, absolutamente à disposição de pessoa jurídica e que é de extrema utilidade, é a de que dispõem os Conselhos de Fiscalização Profissional acerca dos profissionais habilitados ao exercício das respectivas profissões regulamentadas. Podem os municípios instituir obrigação por parte dos Conselhos de repassarem, anualmente, o rol dos profissionais, com seus nomes, endereços e telefones e não há razão para que a autarquia profissional se negue ou de qualquer modo resista ao cumprimento dessa obrigação. Note-se que a informação é inerente à sua atividade, de fácil prestação e praticamente sem custo, além do que não há que se dizer que esteja coberta por qualquer sigilo. Há capacidade de colaboração por parte do sujeito passivo de tal obrigação e, de outro lado, necessidade, utilidade e adequação para fins de identificação dos contribuintes sujeitos ao ISS fixo. Lembre-se, forte no art. 9º, § 1º, do CTN, que a imunidade tributária não dispensa "da prática de atos, previstos em lei, asseguratórios do cumprimento de obrigações tributárias por terceiros".

Outras pessoas detentoras de informações utilíssimas para fins de fiscalização tributária são as empresas administradoras de cartões de crédito. É sabido que os cartões de crédito se firmaram como a principal via de pagamento na compra de bens e serviços, de modo que as informações de que dispõem as administradoras de cartões de crédito são valiosíssimas. Permitem que o fisco compare o consumo dos contribuintes com os rendimentos que submetem à tributação, bem como que verifique se os valores repassados pelas administradoras ao estabelecimentos credenciados são compatíveis com a receita por eles consideradas para fins de tributação. As informações de que dispõem as administradoras de cartões de crédito são do interesse tanto do fisco federal como dos fiscos estaduais e municipais, cada qual para fins de acompanhamento e fiscalização dos tributos de sua competência cujas bases de cálculo possam ser de algum modo reveladas pelas movimentações referidas. Os dados são cruzados, por exemplo, com a Declaração do Simples Nacional.

No âmbito federal, o Secretário da Receita Federal, através da IN SRF 341/2003, instituiu a Declaração de Operações com Cartões de Crédito (Decred), impondo às administradoras de cartão de crédito que prestem "informações sobre as operações efetuadas com cartão de crédito, compreendendo a identificação dos usuários de seus serviços e os montantes globais mensalmente movimentados". Ao fazê-lo, determinou que a declaração fosse prestada duas vezes por ano, em fevereiro e em agosto, que fossem informados apenas os montantes globais movimentados, desde que superiores a cinco e a dez mil para as pessoas físicas e jurídicas, respectivamente. As informações devem apontar os "pagamentos efetuados no mês pelos titulares dos cartões", bem como os "repasses efetuados no mês a todos os estabelecimentos credenciados".

O Regulamento do ICMS do RJ (Decreto 27.427/2000, com as alterações do Decreto 44.584/2014), prevê: "Toda pessoa, física ou jurídica, contribuinte ou não, inclusive a que goze de imunidade ou isenção, e que, de qualquer modo, participe de operação ou prestação relacionada, direta ou indiretamente, com a circulação de mercadorias ou prestação de serviços de transporte intermunicipal ou interestadual ou de comunicação, está obrigada, salvo disposição em contrário, ao cumprimento das obrigações previstas na legislação tributária". E estabelece em seu art. 15, XXI, que, dentre os documentos fiscais, estão "as informações prestadas pelas administradoras de cartões de crédito e débito, por empresa que presta serviços operacionais relacionados à administração de cartões de crédito e débito ou por similares, relativas às operações e prestações realizadas por estabelecimentos de contribuintes do ICMS, cujos pagamentos sejam efetuados por meio de sistemas de crédito, débito ou similar".

No Município de São Paulo, o Regulamento do ISS (Decreto 53.151/2012) estabelece, em seu artigo 130, a Declaração de Operações de Cartões de Crédito ou Débito – DOC. Impõe às administradoras de cartões de crédito ou débito a apresentação da declaração com "informações sobre as operações efetuadas com cartões de crédito ou débito em estabelecimentos credenciados, prestadores de serviços, localizados no Município de São Paulo, compreendendo os montantes globais por estabelecimento prestador credenciado".

Seu § 3º, porém, faculta Secretaria Municipal de Finanças "a obtenção dos dados relativos às operações de cartões de crédito ou débito, por meio de convênio firmado com a Secretaria da Fazenda do Estado de São Paulo".

Efetivamente, embora de extrema utilidade a informação tanto para a União, como para os Estados e para os Municípios, mais adequado do que as administradoras de cartões de crédito terem de informar operações repetidamente ao fisco federal, aos 27 fiscos estaduais e a milhares de fiscos municipais que as instituírem, é que haja o compartilhamento das informações prestadas à União com os Estados e Municípios, realizando-se convênio para tanto que viabilize o acesso por parte desses. Cabe colocar em prática a faculdade prevista no art. 199 do CTN: "Art. 199. A Fazenda Pública da União e as dos Estados, do Distrito Federal e dos Municípios prestar-se-ão mutuamente assistência para a fiscalização dos tributos respectivos e permuta de informações, na forma estabelecida, em caráter geral ou específico, por lei ou convênio". Desse modo, as administradoras poderão colaborar com o fisco sem demasiado ônus operacional.

Exagero quanto à instituição de obrigações relacionadas a tal modo de pagamento encontra-se na Lei 4.294/2014, do Município de Juazeiro do Norte/CE, que estabelece a obrigação de "informação de transações efetuadas em equipamentos de processamento de operações com cartões de crédito e débito no Município". Seu art. 1º determina: "As empresas administradoras de cartões que, realizando integralmente ou iniciando suas atividades no Município de Juazeiro do Norte, independente da existência de inscrição e alvará de funcionamento, prestarem a tomadores aqui localizados os serviços de cobrança de contas de terceiros previstos no item 15.10 do art. 460 da Lei Complementar nº 93/2013 e no item 15.10 do Anexo à Lei Complementar nº 116/2003, deverão fornecer ao Município, a Declaração de Operações com Cartões de Crédito ou Débito (DOC), que deverá conter todas as operações (com ou sem transferência de fundos) realizadas com os cartões de crédito ou débito pelos estabelecimentos prestadores de serviços localizados no Município de Juazeiro do Norte/Ce, na forma, prazo e demais condições estabelecidas pela Secretaria Municipais de Gestão". Mas, então, estabelece obrigações exageradas, impondo às empresas que, para se utilizarem de equipamentos para transações com cartões de crédito ou débito, tenham de dispor alvará especial de autorização específico por endereço de usuário, contendo descrição de cada equipamento, marca, número, etc., sendo que a renovação dos alvarás deverá ocorrer todo mês de janeiro mediante o envio "a) cópias dos contratos de prestação dos serviços de cobrança que o usuário do equipamento tiver firmado, no período decadencial, com cada administradora que lhe remeteu a fatura mensal; b) informações das operações realizadas com cartões de crédito/débito, atinentes aos últimos 05 (cinco) exercícios fiscais". Dos profissionais liberais, as empresas de pequeno porte e as microempresas, contribuintes do Simples Nacional, conforme Lei Complementar nº 123, de 14.12.2006, exige-se que "encaminhem as cópias de todas as faturas mensais demonstrativas dos créditos das vendas feitas através de cartões, referentes aos últimos 05 (cinco) exercícios mais as do atual, acompanhadas dos respectivos contratos firmados com as administradoras". Note-se o excesso: alvará para utilização de meio de pagamentos, com renovação anual. E se, a cada ano, têm de renovar o alvará informando as operações dos últimos cinco anos, cada informação será prestada cinco vezes ao Município.

Outra obrigação acessória bastante relevante, instituída pelo Secretário da Receita Federal através da IN RFB 1.115/2010, é a Declaração de Informações sobre Atividades Imobiliárias (Dimob). É de apresentação obrigatória, com periodicidade anual, devendo ser feita até o fim de fevereiro do anos subsequente ao das informações. Dentre outras empresas obrigadas, estão as que "intermediarem aquisição, alienação ou aluguel de imóveis". Do mesmo modo, trata-se de informação de que já dispõem tais pessoas jurídicas por força da sua atividade principal, não se tratando de ônus demasiado facilitá-la ao fisco, porquanto evidente sua capacidade de colaboração nesse sentido.

Relativamente ao ICMS interestadual de 4% para produtos importados ou com conteúdo de importação superior a 40%, estabelecido pela Resolução SF 13/2012, que visou a minimizar os efeitos da "guerra dos portos", há obrigação acessória prevista no Convênio ICMS 38/2013. Sua cláusula quinta dispõe que "o contribuinte industrializador deverá preencher a Ficha de Conteúdo de Importação – FCI" contendo, dentre outras informações, o "conteúdo de importação", devendo ser entregue "de forma individualizada por bem ou mercadoria produzidos". Estabelece, ainda, que a FCI será apresentada mensalmente, mas cuida de destacar que é "dispensada nova apresentação nos períodos subsequentes enquanto não houver alteração do percentual do conteúdo de importação que implique modificação da alíquota interestadual". Note-se, no ponto, que pequenas alterações decorrentes do custo das importações ou mesmo da variação da intensidade do uso de insumos importados não exigem nova declaração, a menos impliquem modificação da alíquota interestadual. Tal obrigação mostrava-se viável para as empresas, que têm que apurá-la para fins de definição da alíquota aplicável às suas operações interestaduais, podendo, portanto, sem maiores ônus, prestar a informação ao fisco através da referida ficha, necessária, ademais, para a fiscalização das operações. A capacidade de colaboração das empresas resta presente no que diz respeito à apresentação da FCI.

Mas, dos mesmos contribuintes se exigiu, com fundamento no Ajuste Sinief nº 19/2012, que informassem, na própria nota fiscal, o conteúdo importado. Dispunha que deveria ser "informado em campo próprio da Nota Fiscal Eletrônica – NF-e: I – o valor da parcela importada do exterior, o número da FCI e o Conteúdo de Importação expresso percentualmente, calculado nos termos da cláusula quarta, no caso de bens ou mercadorias importados que tenham sido submetidos a processo de industrialização no estabelecimento do emitente; II – o valor da importação, no caso de bens ou mercadorias importados que não tenham sido submetidos a processo de industrialização no estabelecimento do emitente". Tal exigência sofreu inúmeras e bem fundadas críticas em razão de expor desnecessariamente informações sigilosas das empresas. Foi considerado que "o dever de informar o valor da importação na nota fiscal, tornando-o público, viola a livre-iniciativa e a livre concorrência", implicando "restrição, e modo desnecessário e excessivo, à atuação das empresas, em evidente violação à livre-iniciativa". Destacou-se que a informação poderia ser obtida pelo fisco através da FCI que, "sobre ser igualmente eficaz para a fiscalização, implica menor restrição a direitos fundamentais do contribuinte", não acarretando "prejuízos concorrenciais aos contribuintes". Mais: "graves distúrbios no equilíbrio do mercado poderão ocorrer com a divulgação do valor da importação, entre eles uma padronização dos preços, que certamente fere a concorrência desejada pelo legislador constituinte, em prejuízo ao consumidor". Concluiu-se, assim, que a entrega da FCI cumpria o mesmo papel, possibilitando fiscalização com a mesma eficiência, mas com menor restrição à liberdade da empresa.[79] Ainda se ponderou: "o que está a determinar o Confaz é que o contribuinte explicite todos os seus custos e margens de lucro na nota fiscal emitida, além de que, no caso do inciso I, boa parte do processo produtivo também será exposto ao destinatário da mercadoria. Tal determinação causa constrangimentos comerciais incomensuráveis, na medida em que expõe o fornecedor ao seu cliente, demonstrando a estes informações que dizem respeito única e exclusivamente à empresa remetente e às suas estratégias comerciais. Sem contar que em um nível maior esta exposição pode acarretar uma distorção de mercado sem tamanhos, pois haverá uma guerra de preços que desconsiderará outros custos que não são levados em consideração no cálculo do 'conteúdo de importação'. [...] os atos internos da empresa, como suas estratégias comerciais, custos, margens de lucro, componentes, insumos, etc., devem ser mantidos em segredo, ao resguardo de terceiros – exceto a Administração Pública, ordem judicial ou previsão legal em contrário. [...] Portanto, inconstitucional a cláusula 7ª do Ajuste Sinief nº 19/2012...".[80]

---

[79] TAKANO, Caio Augusto. "Guerra dos portos" – os deveres instrumentais introduzidos pelo Ajuste Sinief nº 19/2012 e os limites normativos da Resolução do Senado Federal nº 13/2012. *RDDT* nº 212/15, mai/2013.

[80] GASPERIN, Carlos Eduardo Makoul. O ICMS e as inconstitucionalidades da Resolução nº 13/2012 do Senado Federal e de sua Regulamentação. *RDDT* nº 210/7, mar/2013.

Essa discussão não precisou ser levada ao Judiciário porquanto a obrigação que expunha desnecessariamente a empresa restou revogada pelo Ajuste Sinief nº 9/2013. Note-se que não havia capacidade de colaboração no sentido da possibilidade de cumprimento da obrigação imposta sem que restasse violado o núcleo da liberdade assegurada constitucionalmente. A colocação dos dados nas notas fiscais, embora materialmente possível, implicava restrição ao livre exercício da atividade econômica, por expor os custos da empresa a seus clientes e concorrentes, bem como constituía obrigação injustificável porquanto era desnecessária, implicando a informação reiterada de informação já prestada ao fisco mediante outra obrigação acessória, qual seja, a Ficha de Conteúdo de Importação (FCI).

Pertinente, também, o Convênio ICMS 57/95, que dispõe sobre a emissão de documentos fiscais e escrituração de livros fiscais por contribuinte usuário de sistema eletrônico de processamento de dados. Em sua cláusula vigésima sétima, ao cuidar da fiscalização, determina que o contribuinte forneça ao Fisco, quando exigido, os documentos e arquivos magnéticos de que trata o Convênio, no prazo de cinco dias úteis contados da data da exigência. Isso, embora viável para contribuintes menores, pode ser absolutamente impraticável para grandes contribuintes, dado o volume de documentos a serem reunidos e fornecidos. Não se pode impor obrigações, sob pena de multa, cujo cumprimento no prazo concedido seja impossível. Não havendo possibilidade fática de cumprimento, resta ausente a capacidade de colaboração na medida pretendida pelo Fisco. Nesses casos, cabe às autoridades atender a pedido fundamentado de prorrogação de prazo quando o contribuinte cumpra a obrigação com diligência, no menor prazo que lhe tenha sido possível fazer. Note-se que as obrigações de colaboração consistentes na facilitação da ação fiscal e na apresentação na repartição, quando solicitados ou determinado em regulamento, dos livros, dos documentos e das informações de interesse da fiscalização de tributos, tal como consta também do art. 45, V, da Lei 8.820/1989 do Estado do Rio Grande do Sul visa à colaboração do contribuinte, devendo lhe ser exigida tal colaboração desde que presente a aptidão e a possibilidade para de cumpri-la e em condições e prazos viáveis. Nesse caso, inclusive, considere-se que também o Fisco tem um dever de colaboração relativamente aos obrigados tributários, cabendo-lhe ensejar a eles um mínimo de suporte, conforto e tranquilidade para o cumprimento das suas obrigações. A Lei Geral Tributária portuguesa, em seu art. 59º, chega a deixar expresso que os órgãos da administração tributária e os contribuintes "estão sujeitos a um dever de colaboração recíproco" e que se presume a boa-fé da atuação de ambos.

As obrigações formais ou instrumentais instituídas no interesse da fiscalização e da arrecadação dos tributos, designadas pelo nosso Código Tributário Nacional, de obrigações acessórias, têm enorme importância e se justificam pela necessidade de darmos efetividade à tributação. A instituição dessas obrigações deve se dar sob a perspectiva do princípio da capacidade de colaboração. Esse princípio, de um lado, pode justificá-las quando verificada a efetiva possibilidade do sujeito passivo de colaborar com as ações ou omissões dele exigidas. Mas também é capaz de revelar a invalidade dessas obrigações quando ausente a capacidade de colaboração ou quando exaurida ou extrapolada mediante imposições que sejam desnecessárias ou inúteis ou que imponham ônus excessivo ao contribuinte.

3.2. A capacidade colaborativa dos substitutos tributários

Substituto tributário é a pessoa a quem a lei determina, em caráter originário, que efetue o pagamento de determinado tributo em lugar do contribuinte. Pode-se dizer, com maior detalhamento, que substituição tributária é o instituto de direito tributário que consiste na determinação, por lei, a pessoa não contribuinte de determinado tributo (substituto tributário) que, em face da situação de ascendência que ostenta relativamente ao contribuinte (substituído) – situação essa que se revela no pressuposto de fato da regra matriz de substituição –, verifique a ocorrência do fato gerador do tributo, calcule e efetue, com valores retidos ou exigidos do contribuinte e em nome do contribuinte, o pagamento do tributo devido em caráter definitivo ou de montante a título de mera antecipação por conta de tributo que ainda tenha de ser calculado e ajustado pelo contribuinte (valores esses que, não fosse a norma de substituição, seriam pagos diretamente pelo contribuinte), sob pena de ficar o substituto obrigado a responder com seu próprio patrimônio pela satisfação do montante que tenha deixado de recolher e que tampouco tenha sido pago pelo contribuinte.

Como se vê, o substituto é uma pessoa que não integra a relação contributiva: não é o fisco credor, tampouco o contribuinte devedor. Não é sua a capacidade contributiva gravada pelo tributo. Conforme já destacamos alhures,[81] ainda que se diga que o substituto é obrigado em lugar do contribuinte substituído, é de todo importante deixar claro que o substituto jamais tomará o lugar do contribuinte na relação

---

[81] PAULSEN, Leandro. *Responsabilidade e Substituição Tributárias*. Porto Alegre: Livraria do Advogado, 2012.

contributiva. Somente se põe em lugar do contribuinte quanto à iniciativa e efetivação do pagamento. É um colaborador da Administração que jamais participa da relação contributiva. Faz o pagamento, mas em nome e com o dinheiro do contribuinte. O contribuinte se mantém na relação contributiva, motivo pelo qual tem que suportar a retenção ou à exigência do valor do tributo pelo substituto. Ademais, o direito do substituto à retenção ou a exigir o montante do contribuinte é inerente à substituição e garante que a capacidade contributiva gravada seja a do contribuinte. A substituição é colaboração; não é contribuição.

No RE 603.191, julgado em agosto de 2011, o Plenário do Supremo Tribunal Federal assentou que a norma de substituição tributária "estabelece a relação de colaboração entre outra pessoa e o fisco, atribuindo-lhe o dever de recolher o tributo em lugar do contribuinte" e que o substituto "é chamado a colaborar com o fisco, não a contribuir para as despesas públicas". Destaca, por isso, que "há os limites à própria instituição do dever de colaboração que asseguram o terceiro substituto contra o arbítrio do legislador", esclarecendo que: "Só aquele que está próximo, que tem contato com o fato gerador ou com o contribuinte e que, por isso, tem a possibilidade de colaborar mediante o cumprimento de deveres que guardem relação com as suas atividades é que pode ser colocado na condição de substituto". E conclui: "A colaboração dele exigida deve guardar respeito aos princípios da razoabilidade e da proporcionalidade, não se lhe podendo impor deveres inviáveis, excessivamente onerosos, desnecessários ou ineficazes".

O substituto é pessoa, necessariamente, próxima ao fato gerador, chamada a colaborar com a tributação, interpondo-se entre o fisco e o contribuinte para facilitar e assegurar o recolhimento do tributo. Para que tenha condições de colaborar enquanto substituto tributário, é preciso que a pessoa tenha certa ascendência relativamente ao contribuinte substituído, ou seja, que esteja em posição tal que lhe seja possível não apenas apurar o montante devido pelo contribuinte, como reter ou exigir do contribuinte substituído o tributo. A possibilidade de fazê-lo, que é uma capacidade de fato, a ser investigada à luz das relações estabelecidas entre o terceiro e o contribuinte, é que revelará sua capacidade de colaboração de modo a tornar válida a relação de substituição tributária.

O art. 128 do CTN é norma geral considerada referência para a instituição de hipóteses de substituição e de responsabilidade tributária em sentido estrito. Dele, consta que o terceiro obrigado deve estar "vinculado ao fato gerador", o que revela a necessidade de que, por tal proximidade, tenha efetiva capacidade de colaboração. O CTN não vai além, deixando de especificar o conceito e os requisitos da substituição tributária. Apenas ao tratar do imposto de renda é que, em seu art. 45, refere a retenção e recolhimento pela fonte pagadora que, diga-se, ostenta a ascendência e as prerrogativas para o cumprimento do mister que lhe é atribuído. Daí a importância da reflexão ora realizada, porquanto cabe à doutrina e à jurisprudência lançarem uma luz sobre a natureza das obrigações do substituto (obrigação de colaboração) e sobre seus requisitos específicos (capacidade de colaboração do substituto).

Vê-se que nas mais diversas hipóteses de substituição tributária, há uma ascendência do substituto relativamente ao contribuinte substituído, até porque, conforme já decidiu o STF no referido RE 603.191, é requisito de validade da substituição que, não sendo o substituto obrigado senão a colaborar co a Administração Tributária, lhe "seja assegurada a possibilidade de retenção ou de ressarcimento quanto aos valores que está obrigado a recolher aos cofres públicos", sendo essencial "que o substituto, sujeito passivo de uma obrigação de colaboração, possa efetuar o pagamento com recursos ou sob as expensas do próprio contribuinte, pois só este é sujeito passivo da relação contributiva".

Veja-se, por exemplo, que as retenções, sejam as por conta do tributo devido e posteriormente sujeito a ajuste pelo contribuinte, sejam as relativas a tributação exclusiva na fonte, sempre pressupõem que o substituto tenha a disponibilidade dos recursos, de modo que, ao efetuar pagamentos ao contribuinte, tenha como proceder ao desconto do montante objeto de retenção para posterior repasse ao fisco. Assim é que o art. 30 da Lei 8.212/91, ao tratar da arrecadação e recolhimento das contribuições previdenciárias, impõe à empresa a obrigação de "a) arrecadar as contribuições dos segurados empregados e trabalhadores avulsos a seu serviço, descontando-as da respectiva remuneração". Está presente, a um só tempo, a possibilidade de colaborar e a prerrogativa de, efetuando a retenção, não ser economicamente onerado. Assim, também, o art. 7º da Lei 7.713/1988, que determina à fonte pagadora pessoa jurídica que retenha, e.g., o imposto de renda sobre os rendimentos percebidos por pessoas físicas, devendo a retenção ocorrer por ocasião de cada pagamento ou crédito. Já o art. 6º da LC 116/2003 cuida da retenção e recolhimento do ISS pelas pessoas jurídicas tomadoras de serviços, como substitutas tributárias dos contribuintes prestadores. Para tanto, a legislação de Porto Alegre impõe ao substituto, ainda, como obrigação acessória, que se inscreva no cadastro fiscal do ISS da Secretaria Municipal da Fazenda (art. 150 do Decreto Municipal nº 15.416/2006).

Situação diversa, mas em que também é possível vislumbrar a presença efetiva da capacidade de colaboração, é a das montadoras de veículos enquanto substitutas relativamente às contribuições PIS e COFINS devidas pelas concessionárias. A MP 2158-35/2001 estabelece que as pessoas jurídicas fabricantes e importadoras de veículos "ficam obrigadas a cobrar e a recolher, na condição de contribuintes substitutos, a contribuição para o PIS/PASEP e COFINS, devidas pelos comerciantes varejistas", em substituição tributária para a frente que se enquadra na autorização constitucional estampada no art. 150, § 7º, da CF. Note-se que as montadoras, enquanto fornecedoras exclusivas das concessionárias, tem ascendência sobre essas, de maneira que lhes é possível e não demasiadamente oneroso procederem à exigência e ao repasse de tais tributos como delas se requer.

Outro caso que desperta discussões diz respeito à capacidade de colaboração dos entes imunes. Cabe destacar, no ponto, que a imunidade, por si só, não afeta de modo algum a capacidade de colaboração de tais pessoas, porquanto esta diz respeito ao cumprimento de obrigações de colaboração e não ao pagamento de tributos. Os entes imunes, em função da proibição constitucional de que lhes sejam cobrados determinados tributos, não ocupam o polo passivo das respectivas obrigações contributivas, mas continuam com o dever de colaborar, não havendo qualquer impedimento a que sejam colocados no polo passivo de relações de colaboração. Daí por que podem ser mantidos ou colocados por lei na condição de substitutos tributários, conforme já decidiu o Supremo Tribunal Federal no RE 202.987 e no AgRgRE 446.530.

Aliás, o art. 9º, § 1º, do CTN dispõe no sentido de que a imunidade "não exclui a atribuição, por lei..., da condição de responsáveis pelos tributos que lhes caiba reter na fonte, e não as dispensa da prática de atos, previstos em lei, assecuratórios do cumprimento de obrigações tributárias por terceiros". Em matéria de ISS, a LC 116/2003 deixa claro que é obrigada à retenção a pessoa jurídica tomadora ou intermediária "ainda que imune ou isenta". Os ônus causados pelas retenções exigidas do substituto têm caráter procedimental e administrativo, não implicando que suporte a carga tributária com o seu próprio patrimônio, de modo que a imunidade não é argumento para fundamentar eventual ausência de capacidade de colaboração para a atuação enquanto substituto tributário.

Quem não revela capacidade de colaboração para atuar como substituto tributário são, via de regra, as pessoas físicas. À exceção da hipótese em que figuram como empregadores, que ensejam a retenção, e.g., da contribuição previdenciária devida por seus empregados domésticos, normalmente as pessoas físicas não ostentam ascendência relativamente aos comerciantes e prestadores de serviços a ponto de lhes impor destaque de tributos nas notas fiscais. Ademais, as pessoas físicas não tem estrutura e, via de regra, tampouco conhecimento e possibilidade técnica para proceder a cálculos, retenções e recolhimentos. Não é por outra razão que as retenções de imposto de renda, de contribuições previdenciárias e de imposto sobre serviços, por exemplo, são obrigações das pessoas jurídicas quando remuneram os respectivos contribuintes ou quando figuram como tomadoras de serviços, não sendo imposta tal obrigação às pessoas físicas. Em face da ausência de capacidade de colaboração dessas, para quem a atuação enquanto substituto implicaria sérios transtornos e riscos, sequer seria válido a elas estender tais obrigações.

Importante é que reste claro que o substituto é uma pessoa que pode ser chamada a colaborar com o fisco, interpondo-se entre este e o contribuinte para a operacionalização do pagamento do tributo devido, sempre que se possa vislumbrar sua capacidade de colaboração, ou seja, a possibilidade de proceder aos cálculos, retenções ou exigências e ao respectivo repasse em razão das condições para tanto decorrentes das relações civis, trabalhistas, comerciais ou de consumo que mantenha com o contribuinte.

3.3. A capacidade colaborativa dos responsáveis tributários

O Código Tributário Nacional também prevê a atribuição de responsabilidade pelo crédito tributário a outra pessoa que não o contribuinte, exigindo que essa terceira pessoa seja vinculada ao fato gerador da respectiva obrigação.[82] Essa necessidade de que a terceira pessoa esteja "vinculada ao fato gerador" consubstancia o requisito da capacidade de colaboração: a imposição da condição de responsável não pode ser arbitrária, tem de estar fundada na possibilidade de o terceiro colaborar para que a tributação vá a bom termo, só se justificando a sua responsabilização em caso de descumprimento desse dever próprio de colaboração.

Nas hipóteses de responsabilidade tributária de terceiros que o Código estabelece diretamente como

---

[82] CTN: "Art. 128. Sem prejuízo do disposto neste capítulo, a lei pode atribuir de modo expresso a responsabilidade pelo crédito tributário a terceira pessoa, vinculada ao fato gerador da respectiva obrigação, excluindo a responsabilidade do contribuinte ou atribuindo-a a este em caráter supletivo do cumprimento total ou parcial da referida obrigação".

normas gerais de direito tributário, vê-se que coloca, como hipótese de incidência, atos ou omissões no exercício de funções de representação por pais, tutores e curadores, administradores de bens, inventariantes, síndico e comissário e sócios de sociedades de pessoas (art. 134, I a V, e VII). A par disso, estabelece a responsabilidade dos tabeliães e escrivães quanto a tributos relativos a atos praticados por eles, ou perante eles, em razão do seu ofício (art. 134, VI). Também aponta responsabilidade no caso da prática de atos com excesso de poderes ou infração de lei, contrato social ou estatutos pelos representantes já arrolados, pelos mandatários, prepostos e empregados, ou pelos diretores, gerentes ou representantes de pessoas jurídicas de direito privado (art. 135). Por fim, estabelece responsabilidade em caso de dolo ou fraude na expedição de certidão negativa de débitos (art. 208).

Em todos esses casos, é possível identificar a proximidade dos terceiros com os contribuintes ou com os fatos geradores, de modo a lhes habilitar à prática de atos capazes de impedir ou de minimizar o inadimplemento e a evasão por parte dos contribuintes. Por serem gestores, representantes ou por deles dependerem os negócios dos contribuintes, são colocados como responsáveis por créditos decorrentes de atos ou omissões que praticarem. O art. 134 refere-se à responsabilidade "nos atos em que intervierem ou pelas omissões de que forem responsáveis"; o art. 135, à responsabilidade pelos créditos correspondentes a obrigações tributárias resultantes de "atos praticados com excesso de poderes ou infração de lei, contrato social ou estatutos"; o art. 208, ao dolo ou a fraude do responsável na prática de ato funcional.

É preciso observar que essas hipóteses de responsabilidade são estabelecidas mediante preceitos que estabelecem normas de conduta implícitas ou *a contrario sensu*, nos moldes, aliás, das normas penais. A lei penal, ao vincular à conduta "Matar alguém" a consequência "Pena – reclusão de 6 (seis) a 20 (vinte) anos" traz a norma de conduta "Não matar". Conforme destacamos em nossa tese de doutorado, é justamente o que ocorre com as já referidas hipóteses de responsabilidade: o preceito legal limita-se a estabelecer a consequência de uma determinada infração; todavia, o dever de colaboração está implícito e, uma vez cumprido, impede a responsabilização.[83]

Alguns deveres já decorrem do ordenamento jurídico independentemente da norma específica de responsabilidade tributária, como a obrigação de cumprimento da lei. Mas, de qualquer modo, está presente, e seu descumprimento passa a assumir a condição de pressuposto para a incidência de norma que estabelece a responsabilidade tributária, de modo que o referido dever assume a condição de específica obrigação de colaboração do terceiro com a administração tributária.

Como não se pode, pura e simplesmente, estender a responsabilidade por débito a terceira pessoa, sob pena de termos uma norma irrazoável e, por isso, inválida, a compreensão da sua efetiva razão importa, e muito. O dever de colaboração é pressuposto. E mais: tem de haver capacidade de colaboração que viabilize o seu cumprimento pelo apontado responsável, de modo que lhe seja possível se desincumbir da obrigação que a ele é imposta, portando-se como é esperado dele.

Assim é que, se o diretor ou representante de pessoa jurídica for diligente e agir com retidão na sua

---

[83] PAULSEN, Leandro. *Responsabilidade e Substituição Tributárias*. Porto Alegre: Livraria do Advogado, 2012.

gestão fiscal, não restará responsabilizado por dívidas da empresa. Se o funcionário agir com correção na expedição de certidão, não empregando dolo ou fraude para favorecer o devedor, não restará pessoalmente responsabilizado por eventual crédito tributário. Se o tabelião exigir os documentos comprobatórios do pagamento dos tributos inerentes à operação perante ele formalizada, nada terá de suportar.

No RE 562.276/PR, julgado em novembro de 2010, o Plenário do STF entendeu ser inconstitucional o art. 13 da Lei 8.620/1993 que estabeleceu a solidariedade dos sócios de empresas por cotas de responsabilidade limitada quanto aos débitos da pessoa jurídica junto à seguridade social. Além de reconhecer vícios formais, considerou irrazoável "a desconsideração *ex lege* e objetiva da personalidade jurídica". Na ementa desse precedente, resta consignado expressamente que: "A referência ao responsável enquanto terceiro (dritter Persone, terzo ou tercero) evidencia que não participa da relação contributiva, mas de uma relação específica de responsabilidade tributária, inconfundível com aquela". Consta, ainda, que: "O 'terceiro' só pode ser responsabilizado na hipótese de descumprimento de deveres próprios de colaboração para com a Administração Tributária, estabelecidos, ainda que a contrario sensu, na regra matriz de responsabilidade tributária, e desde que tenha contribuído para a situação de inadimplemento pelo contribuinte".

No ponto, é importante considerar que a qualidade de sócio, por si só, não põe a pessoa em posição de poder colaborar decisivamente para assegurar o adequado cumprimento das obrigações tributárias da empresa, o que só lhe compete quando se reveste também da condição de diretor. Ainda assim, o que pode o sócio-diretor fazer é agir com diligência e correção, cumprindo as leis tributárias. Não tem ele como assegurar o adimplemento de todas as obrigações da empresa com a seguridade social, porquanto, por vezes, pode ocorrer de não haver recursos para tanto em razão de dificuldades financeiras vividas pela empresa e que nada tenham a ver com desvios ou ilegalidades, mas, tão somente, com o insucesso do negócio. Exigir do sócio, portanto, que assegure, sempre e necessariamente, o adimplemento, sob pena de responsabilização solidária, é buscar dele uma colaboração acima das suas possibilidades.

Nesse caso julgado pelo STF, vê-se que a condição de sócio não dava à pessoa a capacidade de colaboração pressuposta pela norma, razão pela qual a lei que estabeleceu a solidariedade incorreu efetivamente em arbitrariedade, impondo confusão entre as pessoas jurídica e física, com violação inclusive à livre iniciativa. Em suma, o art. 13 da Lei 8.620/93 não atendeu ao princípio da capacidade de colaboração.

E veja-se que, relativamente às discussões relativas à responsabilidade fundada no art. 135, III, do CTN, por obrigações tributárias resultantes de atos praticados com excesso de poder, contrato social ou estatutos, há entendimento consolidado no sentido de que só pode ser responsabilizado aquele que tem capacidade de colaboração. É o que se extrai dos precedentes em que se afasta a responsabilidade de membro integrante do Conselho de Administração ao argumento de que "não realiza atos de execução ou de representação da empresa",[84] na medida em que apenas "quem está na administração executiva"[85]

---

[84] TRF4, AMS 1998.04.01.056538-6.

[85] MARTINS, Ives Gandra da Silva. Responsabilidade Tributária/Conselho de Administração que não Praticou Ato de Gestão/Inaplicabilidade do Artigo 135 do CTN à Hipótese/Outras Questões Processuais, em *RDDT* nº 27, dezembro/97.

pode ser responsabilizado. No mesmo sentido, o julgado da Primeira Seção do Superior Tribunal de Justiça que afirma: "Há impossibilidade... de se cogitar da atribuição de responsabilidade substitutiva quando sequer estava o sócio investido das funções diretivas da sociedade".

O controle da validade das normas de responsabilidade tributária, assim como sua adequada interpretação e aplicação, depende da compreensão de que não é dado ao legislador ampliar, arbitrariamente, as garantias do crédito tributário, simplesmente impondo a terceiros não contribuintes a obrigação de suportar a satisfação do crédito tributário correspondente à obrigação de contribuir. As hipóteses de responsabilidade tributária de terceiros dependem da capacidade de colaboração dessas pessoas a quem, ainda que implicitamente, se imponham deveres de colaboração. Para tanto, têm de ter a capacidade de colaboração que lhes habilite a agir em favor da fiscalização ou da arrecadação dos tributos. Essa capacidade é revelada pela vinculação ao contribuinte ou ao fato gerador que lhes permita facilitar ou subsidiar a fiscalização, zelar pelo recolhimento do tributo por parte do contribuinte, evitando ou impedindo que sejam praticados por ele atos de sonegação, etc. Apenas quando, sendo-lhe possível colaborar, tenha o terceiro deixado de cumprir obrigações de colaboração a cujo descumprimento a lei vincule a consequência jurídica da responsabilidade tributária, é que poderá dele ser exigido que suporte com o seu próprio patrimônio a satisfação do crédito.

O chamado responsável tributário, portanto, é um colaborador do fisco. Em primeiro lugar, surge para ele uma obrigação de colaboração. O descumprimento desse dever de colaboração é o pressuposto de fato da norma de responsabilidade. Apenas com o descumprimento dessa obrigação é que assume, propriamente, a condição de responsável tributário. Imperioso, portanto, que se considere o princípio da capacidade de colaboração quando da análise de todos os casos de responsabilidade tributária de terceiros, sejam os estabelecidos em nível de normas gerais de direito tributário, sejam os estabelecidos pelo legislador ordinário de cada um dos entes políticos.

Conclusão

1. As pessoas em geral que, tão só pela sua condição humana, são titulares de direitos fundamentais, também são juridicamente comprometidas com a viabilização das atividades públicas destinadas à sua promoção. A tributação se apresenta como a outra face ou contrapartida dos direitos fundamentais, razão pela qual é considerada como o preço dos nossos direitos, como o que se paga por viver em uma sociedade civilizada ou, ainda, como inerente à cidadania. O pagamento de tributos afigura-se, assim, como dever fundamental. Mas, para que a tributação realmente se faça realidade, é necessária ampla colaboração das pessoas. Suas obrigações, por isso, não se limitam a contribuir para o erário quando da prática de um fato gerador revelador de capacidade contributiva. A colaboração tem um âmbito maior, envolvendo também uma plêiade de outras obrigações ou deveres que tornam possível a fiscalização e o lançamento dos tributos e que, inclusive, facilitam, asseguram e garantem sua arrecadação.

2. O dever fundamental de pagar tributos é insuficiente para explicar a imposição de obrigações a não contribuintes, donde advém a importância de se ter claro o dever de colaboração com a tributação, que é de todos, contribuintes ou não. A colaboração com a tributação e, até mesmo, a participação ativa

dos cidadãos para melhorar seu "grado de eficacia y operatividad" e sua "funcionalidad", justifica-se porque a tributação envolve não somente os interesses do erário como credor e do contribuinte como gravado, senão também o "'interés jurídico de la colectividad' que, con base en la Constitución, se traduce en el interés de que todos contribuyan al sostenimiento de las cargas públicas conforme a su capacidad económica". A colaboração de todos justifica-se, ainda, pela necessidade de se assegurar efetiva isonomia tributária, alcançando todos os potenciais contribuintes de modo a bem distribuir a carga tributária. Com isso, o sacrifício individual será menor, além do que a isonomia na aplicação das normas tributárias favorecerá a livre concorrência.

3. As obrigações fundadas no dever de colaboração aparecem, normalmente, como prestações de fazer, suportar ou tolerar classificadas como obrigações formais ou instrumentais e, no direito positivo brasileiro, impropriamente como obrigações acessórias. Por vezes, aparecem em normas expressas, noutras de modo implícito ou *a contrario sensu*, mas dependem sempre de intermediação legislativa. Alguns deveres atribuídos aos próprios contribuintes poderiam, é verdade, encontrar suporte no caráter complexo da obrigação tributária e no dever de cooperação do obrigado ao pagamento, do que, como em qualquer outro ramo do direito, já se poderiam extrair deveres anexos e complementares, forte na consideração da obrigação como processo e no princípio da boa-fé. Mas isso não justificaria os deveres impostos a terceiros não contribuintes. Poder-se-ia, também, invocar o adágio de que "quem pode o mais pode o menos". Se o legislador pode impor o pagamento de tributos, também pode impor outras obrigações ou deveres que, não sendo tão onerosos, também se revelam de suma importân-

cia para a tributação. Desse modo, contudo, os deveres de colaboração continuariam tendo como suporte o dever fundamental de pagar tributos, o que não nos parece se afeiçoar à sua real natureza. Falamos de deveres que se podem impor em caráter originário pelo simples fato de que alguém integra determinada sociedade e tem, lado a lado – e não de modo derivado –, os deveres fundamentais de pagar tributos e de colaborar com a tributação, fazendo o que mais seja necessário para o sucesso da tributação. O dever de colaboração é originário e independente da existência de uma obrigação de pagamento específica, tem caráter autônomo, não se cuidando de mero desdobramento ou complemento do dever fundamental de pagar tributos. Decorre diretamente do princípio do Estado de Direito Democrático e Social.

4. Enquanto o dever de pagar tributos tem como referência a capacidade contributiva das pessoas, o dever de colaborar com a tributação centra-se na capacidade colaborativa de cada qual. Sob a perspectiva do dever fundamental de pagar tributos, relevantes são as manifestações de riqueza; sob a perspectiva do dever fundamental de colaboração com a tributação, a possibilidade de aportar informações ou agir de outro modo para o seu bom funcionamento.

5. Colaboração é "trabalho em comum com uma ou mais pessoas", é "cooperação", é auxílio, envolve participação, "concorrer ou contribuir para". A capacidade colaborativa em matéria tributária decorre das circunstâncias que envolvem nossa pessoa ou nossas atividades e que nos colocam em situação de poder, efetivamente, agir para que a tributação se concretize.

6. Capacidade colaborativa é a possibilidade que uma pessoa tem de, consideradas as circunstâncias

das atividades que desenvolve, ou dos atos ou negócios que realiza, ou ainda da sua relação ou proximidade com o contribuinte ou com fato gerador, estar em posição tal que lhe seja viável física, jurídica e economicamente, agir de modo a subsidiar, facilitar ou incrementar a fiscalização tributária ou a arrecadação dos tributos, colaborando, assim, para que a tributação alcance todos os potenciais contribuintes de modo mais efetivo, isonômico, simples, completo, confortável, econômico, justo e eficaz, em benefício de toda a sociedade.

7. A capacidade de colaboração revela-se, por exemplo, na possibilidade concreta que determinada pessoa tenha de, em face das próprias atividades, prestar informações úteis à fiscalização tributária sobre si mesmo e sobre terceiros. Também se evidencia na situação de ascendência que pessoas ostentem frente aos contribuintes e que lhes permita realizar retenções ou deles exigir os tributos devidos de modo a repassá-los aos cofres públicos com maior simplicidade, economia e segurança, evitando o inadimplemento por parte dos contribuintes. Outro exemplo de capacidade de colaboração é a condição de gerente ou diretor de empresas, com a possibilidade de, mediante gestão que esteja adstrita aos mandamentos legais e que não se desvie para fraudes nem vise à sonegação, dar cumprimento adequado às suas obrigações fiscais.

8. O princípio da capacidade colaborativa está para a instituição de obrigações acessórias e de terceiros como o princípio da capacidade contributiva está para a instituição de tributos: dá-lhes suporte, justificativa e medida. Constitui critério para a validação constitucional das obrigações acessórias e de terceiros, provendo instrumentos para o seu controle.

9. A pessoa que, em face de relações mantidas com contribuintes ou com o fato gerador, esteja em posição que lhe permita colaborar com a tributação mediante a prática de atos ao seu alcance, pode ser colocada como sujeito passivo em uma relação jurídica que tenha como objeto uma obrigação de colaboração. Cabe ter em conta, porém, que a presença de capacidade colaborativa não autoriza a instituição de obrigações em excesso, numericamente exageradas, de difícil cumprimento, demasiadamente trabalhosas ou que as desviem das suas atividades, exigindo esforço e dedicação extraordinários.

10. Múltiplas são as obrigações acessórias impostas a contribuintes e não contribuintes, a começar pela inscrição junto aos fiscos federal, estadual e municipal. Chamam atenção as obrigações de manter livros e registros e de prestar informações sobre os negócios próprios e alheios. Para que não seja exaurida a capacidade de colaboração das pessoas, impõe-se que sejam tanto quanto possível simplificadas as obrigações acessórias, de modo que não haja obrigações desnecessárias ou inúteis, devendo-se buscar a coordenação entre as administrações fiscais dos diversos entes políticos preferencialmente à sobreposição de exigências.

11. As pessoas que dispuserem de informações valiosas para a fiscalização tributária têm capacidade de colaboração e podem ser validamente colocadas como sujeitos passivos de obrigações de colaboração. É o caso das empresas administradoras de cartões de créditos relativamente às operações realizadas pelos seus clientes e que permitem o cotejo com as bases de cálculo de contribuições sobre a receita e de impostos sobre a de circulação de mercadorias e a prestação de serviços. Também se evidencia a capacidade, e.g., dos Conselhos de Fiscalização Profissional relativamente

à lista dos profissionais habilitados, contribuintes do imposto sobre serviços e, ainda, a capacidade dos tabelionatos e registros de imóveis relativamente às operações de cujo conhecimento depende a fiscalização para a cobrança do imposto sobre a transmissão de bens imóveis e também sobre a transmissão *causa mortis*.

12. Extrapolam a capacidade de colaboração dos contribuintes obrigações de difícil ou demasiadamente oneroso cumprimento, como a imposta a grandes empresas de colocarem à disposição da fiscalização uma enorme plêiade de documentos em cinco dias ou a de, na renovação anual de alvarás para utilização de equipamentos para transações com cartões de crédito ou débito, apresentarem cópias de todos os contratos firmados com as administradores e das informações sobre as operações realizadas atinentes aos último cinco exercícios fiscais. Também não se justificava, por violadora da capacidade de colaboração dos contribuintes do imposto sobre a circulação de mercadorias, a obrigação de que fizessem constar, das notas fiscais relativas a operações interestaduais com produtos importados, o conteúdo da importação expresso percentualmente ou o valor da importação, porquanto já prestada a informação através da ficha de conteúdo de importação, configurando sobreposição desnecessária e que expunha o contribuinte perante seus clientes e concorrentes.

13. O substituto tributário é obrigado a proceder ao recolhimento do tributo em nome e com recursos do contribuinte, interpondo-se, assim, entre as partes da relação contributiva para operacionalizar a arrecadação tributária. Ostentam capacidade de colaboração as pessoas que, em razão da sua posição de ascendência frente ao contribuinte em determinada relação ou

negócio jurídico, tenham como proceder à retenção ou à cobrança dos valores do contribuinte, podendo agir no sentido de que os tributos devidos sejam recolhidos aos cofres públicos, evitando o inadimplemento e a sonegação e facilitando a fiscalização tributária. É o caso das fontes pagadoras, quanto às retenções e repasses, e de fornecedores exclusivos como as montadoras de veículos, quanto às cobranças e repasses. A pessoa física apresenta menor capacidade colaborativa, tendo em conta não ostentar estrutura administrativa, possibilidade técnica e ascendência relativamente à maior parte dos contribuintes com os quais contrata, restringindo-se, por isso, sua posição de substituto a algumas poucas relações muito específicas como a da relação de emprego, hipótese em que é validamente obrigada a retenções.

14. O chamado "responsável tributário" é um terceiro obrigado a colaborar com a fiscalização e a arrecadação dos tributos. Na hipótese de descumprimento das obrigações de colaboração que lhe são impostas, pode ser responsabilizado, passando a suportar a satisfação do crédito tributário. A simples transferência da responsabilidade a terceiro, sem causa suficiente, seria irrazoável. A relação de proximidade que mantenha com o contribuinte ou com o fato gerador e a possibilidade de impedir ou minimizar o inadimplemento e a evasão por parte dos contribuintes é o que revela sua capacidade de colaboração. A condição de sócio de uma empresa, por si só, não revela a possibilidade de colaborar decisivamente para assegurar o cumprimento das suas obrigações tributárias, o que cabe, isso sim, ao diretor com poder de gestão quanto às questões financeiras e fiscais, de quem se pode exigir que atue diligentemente, sem o cometimento de ilícitos que impliquem apropriação indébita, sonegação ou dissolução irregular. Mas tampouco o

sócio-diretor é capaz de assegurar que a pessoa jurídica não se quedará em momento algum inadimplente, razão pela qual foi inconstitucional a solidariedade incondicionada, estabelecida por lei, entre os sócios de sociedades limitadas e a pessoa jurídica relativamente aos débitos para com a seguridade social; ausente estava a capacidade de colaboração pressuposta pela norma.

15. O princípio da capacidade colaborativa constitui rico instrumento para que possamos trabalhar com as obrigações acessórias e de terceiros, vislumbrando o que pode ser validamente exigido a tal título forte na capacidade de colaboração de cada pessoa, bem como em quais situações ou a partir de que ponto tais obrigações são descabidas em face da ausência ou da extrapolação da capacidade de colaboração dos respectivos sujeitos passivos.

Bibliografia

ANDREATO, Danilo. Dever legal de cooperação e dever legal de delação. *Revista de Doutrina da Escola da Magistratura do Tribunal Regional Federal da 4ª Região* nº 24. Disponível em: <http://www.revistadoutrina.trf4.jus.br/artigos/edicao024/Danilo_Andreato.html>.

ÁVILA, Humberto. *Teoria dos Princípios: da definição à aplicação dos princípios jurídicos*. São Paulo: Malheiros, 2003.

——. Multa de Mora: Exames de Razoabilidade, Proporcionalidade e Excessividade. In: *Fundamentos do Estado de Direito*: estudos em homenagem ao Professor Almiro do Couto e Silva. São Paulo: Malheiros, 2005.

BALEEIRO, Aliomar. *Uma introdução à ciência das finanças*. 14ª ed. rev. e atualizada por Flávio Bauer Novelli. Rio de Janeiro: Forense, 1990.

BARROSO, Luiz Roberto. Os princípios da razoabilidade e da proporcionalidade no direito constitucional. In: *Revista Forense*. Vol. 336. Rio de Janeiro: Forense, out-dez/1996.

BECKER, Alfredo Augusto. *Teoria Geral do Direito Tributário*. 2ª ed. São Paulo: Saraiva, 1972.

BEREIJO, Álvaro Rodríguez. "El deber de contribuir como deber constitucional. Su significado jurídico". In: *Civitas Revista Española de Drecho Financiero* nº 125/2005.

BERTOLUCCI, Aldo Vicenzo. *Quanto custa pagar tributos*. São Paulo: Atlas, 2003.

BRASIL. STF, Tribunal Pleno, RE 562.276/PR, relatora Ministro ELLEN GRACIE, 03/11/2010.

——. STF, Tribunal Pleno, RE 603.191, relatora Ministra ELLEN GRACIE, 1º/08/2011.

——. STF, Segunda Turma, RE 202987, relator Ministro JOAQUIM BARBOSA, jun/09.

BUFFON, Marciano. *Tributação e Dignidade Humana*: entre os direitos e deveres fundamentais. Porto Alegre: Livraria do Advogado, 2009.

CANOTILHO. José Joaquim Gomes. *Direito Constitucional e Teoria da Constituição*. 7ª ed. Coimbra: Almedina, 2006.

CARDOSO, Alessandro Mendes. *O dever fundamental de recolher tributos no Estado Democrático de Direito*. Porto Alegre: Livraria do Advogado, 2014.

——. *A responsabilidade do substituto tributário e os limites à praticidade*. Belo Horizonte, n. 21, ano 4 Maio 2006. Disponível em: <http://www.editoraforum.com.br/bid/bidConteudoShow.aspx?idConteudo=36066> Acesso em: 11 fevereiro 2011.

COMEL, Wilson J. Do dever de colaborar – a propósito. *Revista do Instituto dos Advogados do Paraná* nº 40, 2011, p. 177/180.

COSTA, Regina Helena. *Praticabilidde e justiça Tributaria*. Exeqüibilidde de Lei tributária e Direitos do Contribuinte. São Paulo: Malheiros, 2007.

DELALANDE, Nicolas. *Les Batailles de L'Impôt: consentement et résistances de 1789 à nos jours*. Paris: Éditions du Seuil, 2011.

DERZI, Misabel. *Princípio da Praticabilidade do Direito Tributário*: Segurança Jurídica e Tributação. In: *Revista de Direito Tributário nº 47*. São Paulo: Malheiros, jan-mar/1989.

DIFINI, Luiz Felipe Silveira. *Proibição de tributos com Efeito de Confisco*. Porto Alegre: Livraria do Advogado, 2007.

DIMOULIS, Dimitri; MARTINS, Leonardo. *Teoria Geral dos Direitos Fundamentais*. 2ª ed. São Paulo: RT, 2009.

FALCÃO, Amílcar. *Introdução ao Direito Tributário*. 1ª edición: 1958. 3ª edición revista y actualizada por Flávio Bauer Novelli. Rio de Janeiro: Forense, 1987.

FERRAGUT, Maria Rita. Substituição Tributária – Antecipação, Valor Agregado e Ressarcimento. In: *Revista de Direito Tributário* nº 107/108. São Paulo: Malheiros, 2010.

FERREIRA, Aurélio Buarque de Holanda. *Novo diccionario Aurélio da língua portuguesa*. 4ª ed. Curibita: Positivo, 2009

FERREIRO LAPATZA, José Juan. *Curso de Derecho Financiero Español*. 25ª ed. Madrid: Marcial Pons, 2006.

GASPERIN, Carlos Eduardo Makoul. O ICMS e as inconstitucionalidades da Resolução nº 13/2012 do Senado Federal e de sua Regulamentação. *RDDT* nº 210/7, mar/2013

GOLDSCHMIDT, Fábio Brum. *O Princípio do Não-Confisco no Direito Tributário*. São Paulo: Revista dos Tribunais, 2003.

GRECO, Marco Aurélio. Contribuições (uma figura *sui generis*). Dialética, 2000

——; GODOI, Marciano Seabra de (coords.). *Solidariedade Social e Tributação*. São Paulo: Dialética, 2005.

HECK, Luís Afonso. *O Tribunal Constitucional Federal e o Desenvolvimento dos Princípios Constitucionais*: Contributo para uma compreensão da Jurisdição Constitucional Federal Alemã. Porto Alegre: Sergio Antonio Fabris Editor, 1995.

HESSE, Konrad. *Elementos de Direito Constitucional da República Federal da Alemanha (Grundzüe des Verfassunsrechts der Bendesrepublik Deutschland)*. Tradução de Luís Afonso Heck. Porto Alegre: Sergio Antonio Fabris Editor, 1998.

HOUAISS, Antônio; VILLAR, Mauro de Salles. *Dicionário Houaiss da língua portuguesa*. Rio de Janeiro: Objetiva, 2009.

JARACH, D. *El Hecho Imponible/Teoría General del Derecho Tributario Sustantivo*. 1ª edición: 1943. 2ª ed. Buenos Aires: Abeledo-Perrot, 1971.

JESUS, Damásio E. de. *Código Penal Anotado*. São Paulo: Saraiva, 1989, p. 353.

LAGO MONTERO. *La sujeción a los diversos deberes y obligaciones tributarios*. Madrid: Marcial Pons, 1998.

MACHADO, Hugo de Brito; MACHADO SEGUNDO, Hugo de Brito. Os postulados da proporcionalidade e da razoabilidade: algumas notas sobre sua Aplicação no âmbito tributário. In: *Revista de Direito Tributário da APET*. Ano III. 9ª ed. São Paulo: MP, 2006.

MADISON, James; HAMILTON, Alexander; JAY, John. *The Federalist Papers*. USA: Publisehd by the Penguin Group.

MANDELLI, Alexandre Grandi; CHAVES, Christian Frau Obrador. O dever de colaboração (entre e das partes) no processo civil constitucional e a efetiva prestação da tutela jurisdicional executiva: o deverr fundamental do executado de nomear bens passíveis de penhora. *Revista da PGFN*, ano II, nº 1, 2012, p. 77/110.

MARTINS, Ives Gandra da Silva. Responsabilidade Tributária/Conselho de Administração que não Praticou Ato de Gestão/Inaplicabilidade do Artigo 135 do CTN à Hipótese/Outras Questões Processuais, em *RDDT* nº 27, dezembro/97

MENDES, Gilmar Ferreira. *Direitos fundamentais e controle de Constitucionalidade*. São Paulo: Celso Bastos, 1999.

MIRANDA, Jorge. *Manual de Direito Constitucional*. Tomo IV. 4ª ed. Coimbra: Coimbra Editora, 2008.

MITIDIERO, Daniel. *Colaboração no processo civil:* pressupostos sociais, lógicos e éticos. 2ª ed. São Paulo: Revista dos Tribunais, 2011.

MORAES, Maria Celina Bodin de. *O princípio da solidariedade*. Rio de Janeiro: Instituto de Direito Civil, [2001?]. Artigo disponível em: <http://www.idcivil.com.br/pdf/biblioteca9.pdf>. Acesso em: 13 maio de 2014.

NABAIS, José Cabalta. *O Dever Fundamental de Pagar Impostos*. Coimbra: Almedida, 2004.

NUCCI, Guilherme de Souza. *Código Penal Comentado*. 13ª ed. São Paulo: Revista dos Tribunais, 2013

OLLERO, Gabriel Casado. La Colaboración con la Administración Tributaria. Notas para un Nuevo Modelo de Relaciones con el Fisco. *Hacienda Pública Española* nº 68/1981.

ORTEGA, Rafael Calvo. *Curso de Derecho Financiero: I*. Derecho Tributario: Parte general. 11ª ed. Pamplona: Editorial Aranzadi (Thomson/Civitas), 2007.

PAULSEN, Leandro. *Direito Tributário*: Constituição e Código Tributário à Luz da Doutrina e da Jurisprudência. 16ª ed. Porto Alegre: Livraria do Advogado, 2014.

——. *Curso de Direito Tributário: completo*. 6ª ed. Porto Alegre: Livraria do Advogado, 2014.

——. *Responsabilidade e Substituição Tributárias*. Porto Alegre: Livraria do Advogado, 2012.

RODRIGUES, José Alves. *Lei geral tributária*: anotada e actualizada. Lisboa: Rei dos Livros, 2005.

SARLET, Ingo Wolfgang; MARINONI, Luiz Guilherme; MITIDIERO, Daniel. *Curso de Direito Constitucional*. 2ª ed. Rio de Janeiro: Revista dos Tribunais, 2013.

SCHÄFER, Jairo. *Classificação dos direitos fundamentais*: do sistema geracional ao sistema unitário. 2ª ed. Porto Alegre: Livraria do Advogado, 2013.

SCHOUERI, Luís Eduardo. *Direito Tributário*. 2ª ed. São Paulo: Saraiva: 2012.

SILVA, De Plácido e. *Vocabulário Jurídico*. Atualizadores: Nagib Slaibi Filho e Gláucia Carvalho. 28ª ed. Rio de Janeiro, 2009.

SOUSA, Rui Correia de. *Lei geral tributária: anotada e comentada e legislação complementar*. Lisboa: Quid Júris, 1999.

TAKANO, Caio Augusto. "Guerra dos portos" – os deveres instrumentais introduzidos pelo *Ajuste Sinief* nº 19/2012 e os limites normativos da Resolução do senado Federal nº 13/2012. *RDDT* nº 212/15, mai/2013

TIPKE, Klaus; YAMASHITA, Douglas. *Justiça fiscal e Princípio da Capacidade Contributiva*. São Paulo: Malheiros, 2002.

——. *Besteuerungsmoral und Steuermoral*; tradução de Luiz Dória Furquim. *Moral Tributária do Estado e dos Contribuintes*. Porto Alegre: Sergio Antonio Fabris Editor, 2012

TORRES, Ricardo Lobo. *Tratado de Direito Constitucional Financeiro e Tributário*. Vol. II: Valores e Princípios Constitucionais Tributários. Rio de Janeiro/São Paulo/Recife: Renovar, 2005.

TRIBE, Lawrence; DROF, Michael C. *On Reading de Constitucion*. USA: Harvard University Press, 1991.

VANONI, E. *Natura ed Interpretazione delle leggi tributarie*. 1932. Edição espanhola de 1961 publicada pelo Instituto de Estudios Fiscales, Madrid.

VELLOSO, Andrei Pitten. *O Princípio da Isonomia Tributária*: da teoria da igualdade ao controle das desigualdades impositivas. Porto Alegre: Livraria do Advogado, 2010.

Impressão:
Evangraf
Rua Waldomiro Schapke, 77 - POA/RS
Fone: (51) 3336.2466 - (51) 3336.0422
E-mail: evangraf.adm@terra.com.br